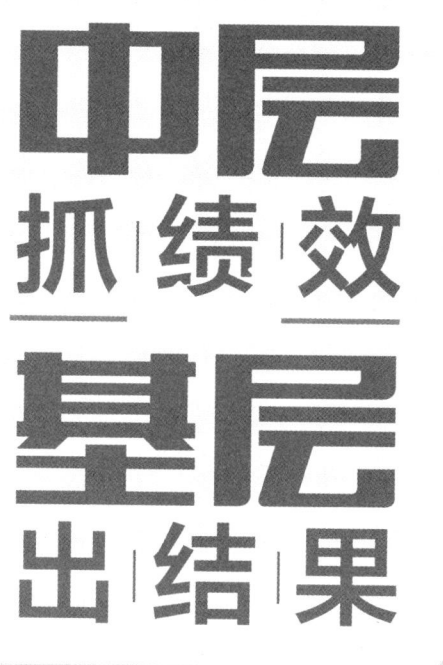

中层抓绩效 基层出结果

马媛◎著

·北京·

图书在版编目（CIP）数据

中层抓绩效　基层出结果／马媛　著．
—北京：中国经济出版社，2019.8
ISBN 978-7-5136-5504-0

Ⅰ.①中… Ⅱ.①马… Ⅲ.①企业绩效—企业管理 Ⅳ.①F272.5

中国版本图书馆CIP数据核字（2019）第287697号

责任编辑	海　毅　高晓晔
责任印制	巢新强
封面设计	任燕飞设计室

出版发行	中国经济出版社
印 刷 者	北京力信诚印刷有限公司
经 销 者	各地新华书店
开　　本	710mm×1000mm　1/16
印　　张	15
字　　数	207千字
版　　次	2019年8月第1版
印　　次	2019年8月第1次
定　　价	58.00元

广告经营许可证　京西工商广字第8179号

中国经济出版社 网址 www.economyph.com 社址 北京市西城区百万庄北街3号 邮编 100037
本版图书如存在印装质量问题，请与本社发行中心联系调换（联系电话：010-68330607）

版权所有　盗版必究（举报电话：010-68355416　010-68319282）
国家版权局反盗版举报中心（举报电话：12390）　　服务热线：010-88386794

[前言]

所谓绩效管理,是指管理者和员工为了达成企业目标,共同参与制定的绩效计划、绩效辅导、绩效考核以及考核结果应用等内容的循环过程。通过绩效管理,可以有效提升员工及企业各部门的工作效率和工作业绩,因此绩效管理颇受企业中层管理者的重视。

作为知名的火锅连锁店,海底捞不仅有着良好的口碑,其经营业绩也非常可观。这样的成绩,离不开其完善的绩效管理体系。

海底捞的绩效考核体系,并不像其他企业一样单单考核利润。其考核指标分为三类:顾客满意度、员工积极性、干部培养。其绩效管理展开的关键,正是中层管理者的职责所在。

以"顾客满意度"这一指标的考核为例,海底捞并不是通过让顾客填写满意度调查表来进行,而是通过中层管理者——小区经理展开。海底捞的小区经理会在每个店中不断巡查,并与该店店长进行沟通,了解顾客在哪些方面的满意度较以往有所提升,哪些方面的满意度较以往有所下降,熟客数量是否增多等内容,以判断该店的顾客满意度指标。

在"员工积极性"这一指标的考核过程中,小区经理和店长会通过观察员工的仪容仪表及工作状态来判断员工的工作积极性,还会通过抽查与神秘访客的调查方式进行考核。当员工不认同考核结果时,可以利用越级投诉机制,向其上级的上级进行反映。

可以看出，中层管理者在海底捞的绩效管理工作中发挥着关键作用。中层管理者在了解企业整体战略和战术层面的情况下，加强对基层员工的绩效管理，并准确考核基层员工的工作状态，特别是加入"顾客满意度"和"员工积极性"等考核指标，不仅提升了海底捞的服务质量，还实现了各部门业绩的迅猛发展。

做一个会抓绩效的中层管理者是提升企业管理水平的关键。绩效管理是一项系统工程，中层管理者在对绩效管理体系深入了解的基础上，制订适合自身部门发展情况的绩效计划，选择合适的绩效管理模式，在绩效管理实施阶段做好绩效考核及沟通辅导和绩效评价工作，来确保绩效考核结果的合理性。同时，为了将绩效管理的作用最大化，中层管理者还可以将绩效考核结果应用于薪酬设计、岗位调整及职位晋升等各方面，为企业管理工作提供了充分依据。

可以说，绩效管理中的难题始终如影随形：主观评判，缺少公正和客观，常常沦为人际关系的评估，并表现为形式主义，指标太多，不透明不公开，员工抵触，中层反感，老板困惑。本书将为读者带来全新的绩效管理体系，让结果有标准，过程有规范，管人有制度，利益有相关，观察有计分，事实有依据。让绩效管理体系变得更加公平、公正、公开、有趣，员工乐于绩效考核，中层善于绩效管理，最终建立以绩效为导向的正能量企业文化。

[目录]

第1章 绩效管理：提升中层管理的制胜法宝

所谓绩效管理，是指各级管理者和员工为了达到组织目标共同参与的绩效计划制订、绩效辅导沟通、绩效考核评价、绩效考核结果应用、绩效目标提升的持续循环过程。通过绩效管理，能够有效激发员工的工作积极性，提升员工的工作效率，从而为企业创造更大的效益。因此，绩效管理是提升中层管理的制胜法宝。

1.1	没有绩效管理，就没有高效团队	3
1.2	中层抓绩效就是抓利润	8
1.3	绩效管理做得好，员工积极性才会高	11
1.4	获取高层支持，建立闭环绩效管理系统	15
1.5	减人 + 提效 + 增收 = 增量绩效管理	20
1.6	规避绩效管理误区，保证团队绩效	24

第2章 制订绩效计划：中层定目标，团队出绩效

在绩效管理中，制订绩效计划是至关重要的一环。绩效计划是被评估者和评估者双方对应该实现的工作绩效进行沟通的过程，并将沟通的结果落实为制订正式书面协议，即绩效计划和评估表，它是双方在明晰责、权、利的基础上签订的一个内部协议。通过制订绩效计划，可以给员工一个清晰的目标，让其明确工作方向，最终达到提升团队绩效的目的。

2.1	目标不到位，绩效差百倍	31
2.2	对"上"分层面，对"下"订协议	35
2.3	分解绩效目标，渐进式完成绩效计划	39
2.4	给本部门设计有效的KPI	42
2.5	考核精确到人，指标精确到量	46
2.6	确定每一个关键指标的实施思路	50

第3章 绩效管理模式：协助高层，实现企业绩效考核设置

不同的绩效管理模式适合的情况不同，所起到的作用也不相同。中层管理者要根据自身企业的实际情况，选择合适的绩效管理模式，将其作用最大化，以提升企业的管理水平和经营效益。

3.1	"德能勤绩"式：加强基础工作管理水平	57
3.2	KSF全绩效：颠覆传统，打造全新的薪酬绩效模式	61
3.3	积分式管理：用"积分线"调动员工的能动性	65
3.4	K目标计划：高效的目标管理是绩效管理的关键	69
3.5	卓越绩效模式：全面质量管理标准化，创造卓越的经营绩效	73

第4章 绩效考核实施：把控考核过程，做下属工作的记录者

确定了绩效管理模式及计划之后，接下来就进入实施阶段。绩效考核的实施阶段是一个从理论到实践的过程，只有将计划应用于实际，才能检验所制定的绩效管理方案能否真正落地。在执行过程中要做到条理清晰、有序可循，确保绩效考核的最终实施效果。

4.1	人人有标准，事事有流程	79
4.2	PDCA循环绩效考核实施	83
4.3	选对考核方法，做对绩效管理	88
4.4	定计划、盯标准、做考核，绩效考核三步到位	92

4.5　搜集考核数据，为绩效考评做准备　　95

4.6　监督考核过程，有监督才有考核　　99

第5章　绩效沟通与辅导：持续沟通，及时建议，做"有态度"的中层

为了保证员工的工作状态与工作效果，与员工之间要保持及时有效的沟通。及时沟通有助于发现员工在工作中存在的问题，而有效的辅导则有助于帮助员工及时解决问题，从而提升工作业绩。所以，绩效沟通与辅导应该贯穿于整个绩效管理过程中，有技巧、有态度的沟通与辅导是绩效管理的灵魂。

5.1　沟通保证考核实施，辅导助力团队成长　　105

5.2　"3+1"对话模式，实现高效的绩效沟通　　109

5.3　正式沟通+非正式沟通=全程式沟通　　113

5.4　四种类型员工的不同沟通方法　　117

5.5　辅导对话流程，确保绩效辅导结果　　120

第6章　绩效考核评价：总结工作成绩，核算考核成果

所谓绩效考核评价，就是针对员工在绩效考核过程中所产生的各项工作成绩进行评定，员工的绩效考核结果就在绩效评价中产生。绩效评价的过程是否合理，会对绩效考核结果的真实性产生直接影响。只有依靠科学的方法，将考核变成制度，让绩效成为体系，才能最大限度地发挥绩效考核的作用。

6.1　员工不做你想要的，只做你考核的　　127

6.2　目标管理法：分解、执行并最终实现目标　　131

6.3　360度绩效考核法：多元化评价维度清除考核盲点　　135

6.4　关键绩效指标法：让绩效行为与考核目标高度吻合　　139

6.5　平衡计分卡：将无形的战略转化为有形的目标　　143

第7章 绩效反馈改进：将考核结果上传，将改进计划下达

所谓绩效反馈，就是将绩效评价的结果反馈给被评估对象，并对被评估对象的行为产生影响的过程。绩效反馈是绩效评估工作的最后一环，也是最为关键的一环，这是因为能否达到绩效评估的预期目的，取决于绩效反馈的顺利实施。

7.1 方式正确的反馈才是有效反馈　　　　　　　　　　149

7.2 依据绩效反馈原则，强化绩效反馈效果　　　　　　154

7.3 掌握 BEST 反馈法，走出负面反馈的误区　　　　　158

7.4 加强信息对称，保证绩效信息均衡分布　　　　　　162

7.5 掌握技巧，让绩效面谈不再尴尬　　　　　　　　　165

7.6 用绩效申诉保障绩效的公平性　　　　　　　　　　169

7.7 表扬、批评双管齐下，让"1＋1＞2"　　　　　　 172

第8章 考核结果应用：中层抓考核，基层出结果

绩效考核对于提升管理水平和工作业绩具有至关重要的作用。但是，要想让绩效管理真正发挥出应有的作用，有赖于绩效考核结果的合理应用。如果绩效考核结果无法应用在实际的部门管理中，无法为部门管理的业绩改善提供相应的依据，绩效考核结果也就失去了其根本价值。所以，如何让绩效考核结果真正为企业管理服务，需要中层将此作为重要课题来思考。

8.1 绩效管理是过程，结果应用是目的　　　　　　　　179

8.2 拟计划：优化绩效管理　　　　　　　　　　　　　182

8.3 调岗位：绘制员工综合表现图　　　　　　　　　　187

8.4 做培训：按绩效与培训流程图确定培训需求　　　　191

8.5 定薪酬：调整固定工资＋奖金分配＋福利津贴　　　195

附 录

一	人力部门绩效目标与考核方法	199
二	行政部门绩效目标与考核方法	203
三	财务部门绩效目标与考核方法	205
四	研发部门绩效目标与考核方法	211
五	采购部门绩效目标与考核方法	214
六	生产部门绩效目标与考核方法	218
七	销售部门绩效目标与考核方法	220
八	市场部门绩效目标与考核方法	224

第1章

绩效管理：
提升中层管理的制胜法宝

　　所谓绩效管理，是指各级管理者和员工为了达到组织目标共同参与的绩效计划制订、绩效辅导沟通、绩效考核评价、绩效考核结果应用、绩效目标提升的持续循环过程。通过绩效管理，能够有效激发员工的工作积极性，提升员工的工作效率，从而为企业创造更大的效益。因此，绩效管理是提升中层管理的制胜法宝。

1.1 没有绩效管理,就没有高效团队

高效团队的产生,根本上依赖于员工的工作积极性与工作效率,而绩效管理则是提高员工工作效率的"利器"。绩效管理实际上是企业各级管理者和员工为了达到团队目标而共同参与的绩效计划制订、绩效辅导沟通、绩效考核评价、绩效考核结果应用、绩效目标提升的持续循环过程。无论团队处于发展阶段还是成熟阶段,绩效管理都能够对打造高效团队产生巨大的推动作用。可以说,没有绩效管理,就没有高效团队。

1.1.1 提升业绩与优化流程并重,打造高效团队

要想打造高效团队,必须要有完善的管理和业绩流程,以及针对员工在工作中的不同表现所做出的相应奖惩,从而营造出一种积极进取的团队氛围。当每个员工都积极地对待工作,努力提高自己的业绩时,团队的整体效益自然会水涨船高,这样的团队必会散发出无限生机。而绩效管理恰恰在提升团队工作业绩与优化工作流程方面具有重要作用(见图1-1)。

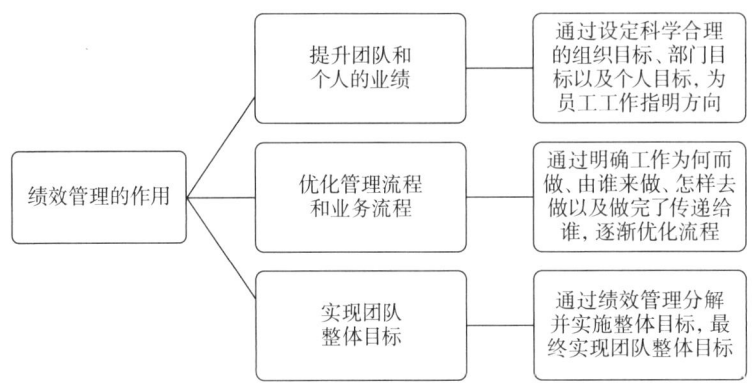

图 1-1 绩效管理的作用

阿里巴巴是一家著名的网络技术公司。在阿里巴巴,绩效管理是提升团队工作效率的重要法宝,也是阿里巴巴进行员工管理的重要方式。阿里巴巴将绩效管理融入员工的日常管理中。在实施绩效管理的过程中,阿里巴巴要求:"结果要好,过程也要好。为过程鼓掌,为结果付酬。今天的最好表现是明天的最低要求。"阿里巴巴的绩效管理分为两个部分(见图1-2)。

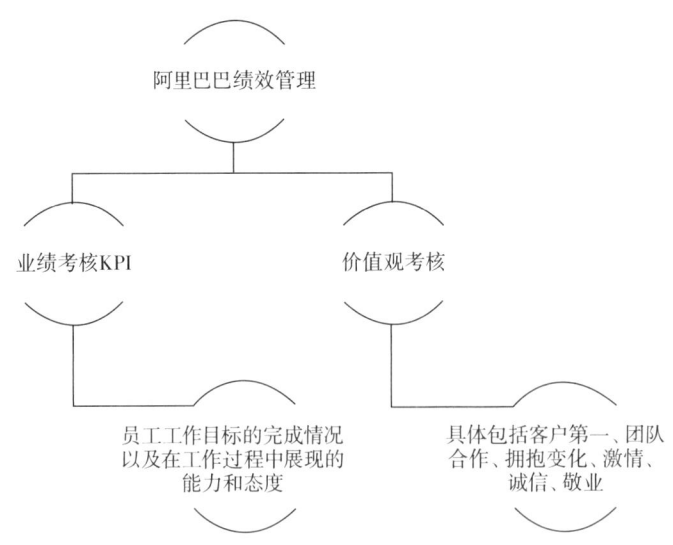

图 1-2 阿里巴巴绩效管理

阿里巴巴的绩效管理对员工的业绩与价值观的考核比重各占50%，如果员工的价值观考核不及格，那么绩效考核也就不及格。

阿里巴巴的绩效管理对于在阿里巴巴内部打造高效团队起到了至关重要的作用。以价值观考核中的团队合作考核为例，阿里巴巴以团队合作为目标，对员工提出了具体要求，且每项要求都占有一定的比重（见表1-1），并对员工的绩效产生非常重要的影响。

表1-1 团队合作中各项要求以及所占比重

	具体要求
1分	工作中积极融入团队，乐于接受同事的帮助，积极配合团队完成工作
2分	制定决策前，积极发表建设性意见；决策后，无论有无异议，都必须从言行上完全予以支持
3分	与同事积极分享经验，主动给予同事必要的帮助，善于利用团队的力量解决问题
4分	善于和不同类型的同事合作，在工作中避免个人好恶，充分体现"对事不对人"的原则
5分	在团队中有主人翁意识，对团队产生积极正面的影响，改善团队的士气和氛围

阿里巴巴绩效管理中的"团队合作"这一考核项目为员工提出了具体要求，员工根据具体要求约束自己的行为，最终促进团队整体的和谐。而阿里巴巴则通过整体的绩效管理，增强了团队和谐、提升了工作业绩、优化了工作流程等各个方面，最终为打造高效团队起到了巨大的推动作用。

1.1.2 科学进行绩效管理才能将效果最大化

绩效管理发挥作用的一个重要前提就是科学制订绩效管理计划，并将其在实际管理中有效实施。只有将绩效管理真正运用在团队管理的实处，才能将绩效管理效果最大化，达到打造高效团队的作用。所以，要发挥绩效管理的作用，科学合理地做绩效管理是关键。通常，为保证绩效管理的科学合理性与实用性，应该从以下三个方面着手：

第一,知人善任,进行角色定位。绩效管理的关键是要做好工作目标分解,并在实际工作过程中把控工作实施情况,最终提升团队整体工作效率。而要做好工作分解,首先要了解团队中的每一个员工,对团队中的每个员工进行角色定位,做到知人善任,为员工分配合适的工作任务,从而把工作任务分解。对团队成员进行角色定位,要做好以下三个方面的工作(见图1-3)。

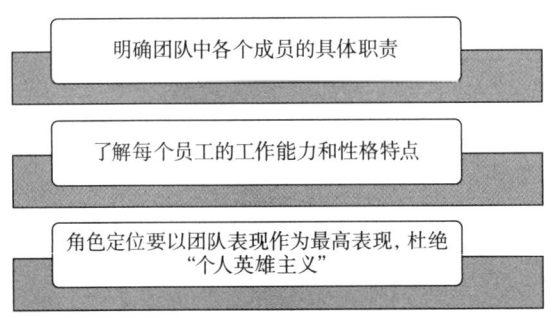

图1-3 对团队成员进行角色定位的三个方面

第二,周密考量,完善绩效管理体系。完善的绩效管理体系是顺利实施绩效管理的保证。在进行绩效管理时,需要有一套完善的绩效管理体系作为各项行动的参考。如果缺少一套完善的绩效管理体系,在实际的绩效管理过程中就会缺少一定的行动指南,在管理过程中非常容易出现差错。所以,要想通过实行绩效管理打造高效团队,就要制定一套完善的绩效管理体系,保障绩效管理的顺利实施。

第三,多劳多得,绩效与薪酬直接挂钩。对于大部分员工来说,其工作的最主要目的就是获取薪酬,薪酬是提升其工作积极性与工作效率的关键。所以,要想用绩效管理打造高效团队,就要将员工的绩效与其薪酬直接挂钩,绩效的高低直接影响其薪酬水平。这样,就会有效加强绩效管理对员工行为的约束作用,最大限度地提升其工作积极性。员工努力工作,既可以提升自身的薪酬水平,又可以提升团队整体的工作效率,实现打造高效团队的目的。

总体来说，绩效管理对于打造高效团队具有非常重要的作用。在实施绩效管理时，要做好多个方面的工作，保证绩效管理的有效实施与作用的发挥。

1.2
中层抓绩效就是抓利润

绩效是"组织"为实现其目标而展现在不同层面上的有效输出。绩效是企业期望的结果,企业中层抓绩效就是抓利润。归根结底,企业实行绩效管理,也是为了提升企业的工作效率,进而增加企业的经营效益。通过绩效管理,还能提升管理员工的效果,提高员工的工作效率,最终实现利润的增加。

1.2.1 通过绩效循环,促进利润提升

对于企业中层管理者而言,绩效管理提升了企业的管理水平和工作效率,企业的利润自然会有所增加。实际上,当一个部门中的成员长时间在同一个工作岗位上从事同一项工作时,他就会越做越精,越做越专业,甚至会成为这方面的专家。与此同时,其工作行为就会变得更加自觉,主观能动性也会大大增强。而绩效管理中所做的绩效循环则是一个可以让部门成员遵守的相同或者相似的行为。通过这样的行为,旨在让部门成员形成相同的习惯,进而提升工作效率,创造更多的利润。

第1章 绩效管理：提升中层管理的制胜法宝

海尔作为一家全球著名的家电品牌企业，在用绩效促进企业利润提升方面具有独到的见解，主要表现在，通过绩效管理使员工的工作行为实现了统一，最终促进海尔的利润逐年提升。

海尔曾经在绩效管理中提出过这样一句口号："坚持每天提高1%，70天工作水平就可以提升一倍。"海尔将绩效管理分为四个环节，分别为：确定绩效管理计划；绩效管理计划实施、检查、辅导；绩效考核；绩效反馈。海尔规定，这四个环节必须在一天之内完成，以保证每天都将绩效管理的作用发挥到极致。此外，通过这样的方式，员工在当天就可以算出自己的日工资，还可以知道当天的成绩和不足，以便在日后的工作中改进。

通过每天的绩效管理循环，员工真正实现了绩效每天提高1%，其为企业所创造的利润自然会不断上升。

由此可见，海尔把用绩效促进利润提升做到了实处，将绩效管理的做法发挥到了极致，为企业创造出了巨大的利润。

为了让绩效管理能够促进企业的利润提升，可以将企业的盈利目标与企业绩效管理的目标相结合，将盈利与员工的工作行为紧密结合。当绩效管理取得成功时，也意味着每一位员工都在为企业创造利润。

1.2.2 强化管理，减少开支，提升利润

绩效管理的核心在于加强对员工的管理，提升中层的管理水平。要想提升企业的利润，一种方式是提升工作效率与工作质量，另一种方式是降低成本，减少开支。当企业的成本降低，开支减少，工作效率稳步提升时，企业所获得的利润就会越来越多。

为了实现利润最大化，中层管理者还应利用绩效管理实现成本最小化，将开支降到最低，可以从以下三个方面入手：

第一，避免人力资源浪费。很多企业经营成本过高，一个重要原因就是在人力资源方面造成了浪费。在很多企业中，往往存在一个人可以完成

的工作却有三个人在做的情况，这无疑造成了人员的浪费，是企业经营成本过高、利润降低的一个非常重要的原因。

为了避免人力资源浪费，中层管理者就要通过绩效管理合理配置人员，将人员结构调整到最优，从而降低人力资源成本。通过绩效管理，可以将每个员工的能力发挥到最大限度，达到人尽其才，用最少的员工创造出最大的利润。

第二，做好检查工作。中层管理者可以通过绩效管理加强对员工工作的检查。例如，在日常工作中加入晨会，加强与员工的交流，时刻了解员工的工作情况和思想动态；在检查工作中，要严格对照工作目标、工作过程及工作结果，并且遵循"定时、定点、定人、定量、定责"的原则，以保证检查结果的严谨性。此外，在检查工作的同时，要求员工做好工作日志，一方面，可以让员工对市场进行有效管理；另一方面，也可以加强员工对市场的了解。

第三，精简工作流程与工作环节。在实际工作中，很多工作流程都非常复杂，这样非但不能提升工作效率，还会使时间与人力成本增加，利润降低。所以，中层管理者可以通过绩效管理完善其所在部门的工作流程，精简无效流程，以达到提高工作效率、降低人力成本、提升利润的目的。

1.3 绩效管理做得好,员工积极性才会高

中层管理者运用绩效管理可以规范员工的工作行为,提升员工的工作积极性。因此,绩效管理对于提升中层管理者的管理水平与工作效率具有重要作用。但是,并不是任何方式的绩效管理都能够起到提升员工工作积极性的作用。一些中层管理者对绩效管理的理解存在一定的误区,认为要想提升工作效率,就要通过绩效管理约束员工,让员工彻底服从管理。实际上,这样做只会达到相反的目的。因为绩效管理的本质是激发员工,而不是约束员工。只有理解绩效管理的本质,并做好绩效管理,才能真正提升员工的工作积极性。

1.3.1 从 X 形态变为 Y 形态,用绩效管理做好员工激励

约翰是一家外企的部门主管,他觉得员工越来越不好管理了。大部分员工已经不再满足于薪酬,而是对自己的职业发展、企业的文化氛围等都提出了较高的要求;有的员工甚至动不动就辞职。约翰所在的企业实行了绩效管理,虽然给员工设置了一定的考核指标,但是员工的工作积极性仍

然不高。针对这种情况，约翰只能向人力资源部门求助，要求人力资源部门加大考核力度，提升绩效奖金的额度。这样的员工管理方式让约翰以及人力资源部门都感到非常苦恼。

实际上，约翰所面临的情况存在于很多中层管理者当中。之所以会出现这样的局面，在于他们没有抓住绩效管理的核心，使得员工管理依然非常困难。

绩效管理的核心在于激励员工，而不是束缚员工。激励恰当，管理的效果才能事半功倍。美国心理学家麦格雷戈曾经提出 X 理论和 Y 理论的管理激励理论。X 理论假设：一般人的本性是懒惰的，工作越少越好，可能的话会逃避工作。中层管理者如果以 X 理论为基础做绩效管理，那么通常采用的管理方式都带有强迫、威胁、处罚等因素，非常容易引起员工的反感。而 Y 理论假设：人们在工作上体力和脑力的投入就和在娱乐休闲上的投入一样，认为工作是很自然的事，即使没有外界的压力和处罚的威胁，他们一样会努力工作以期达到目的——人们具有自我调节和自我监督的能力。可见，中层管理者应该利用绩效管理激发员工的 Y 形态，让员工自主自发地工作，从而最大限度地激发他们的工作积极性。

1.3.2　建立绩效管理理念

绩效管理的具体方法和手段有很多种，要想将绩效管理运用在实际的企业管理中，并发挥作用，在实行绩效管理前，中层管理者就要先建立自己的绩效管理理念。所谓绩效管理理念，是指基于企业的战略目标及价值观所建立和塑造的绩效管理理念、原则，用于指导和引领绩效管理体系、政策、流程的建立。

通过建立自身的绩效管理理念，中层管理者在制定任何具体的绩效管理办法和制度时，都要围绕自身的绩效管理理念确定，以保证所进行的绩效管理能够最终实现企业的发展目标，真正为企业的发展服务。

C企业是一家颇具规模的企业，为了提升企业的管理水平，创造出更多的效益，企业的中层管理者决定实行绩效管理。在实行绩效管理之前，C企业的中层管理者根据企业的实际发展需求，将企业自身的绩效管理理念确定为"让员工与企业共同发展"。根据这一绩效管理理念，C企业的中层管理者在确定绩效管理办法时，所呈现的状态是让员工尽量多地参与工作，让员工与企业双方达成共识，在增强员工的主人翁意识的同时，对员工实行授权管理，并加强沟通。通过绩效管理，真正将员工的利益与企业的利益放在了一起。员工在为了自身的利益与发展而努力工作的同时，企业的总体效益也明显增长。

1.3.3 激发员工的敬业度而非满意度

满意度是一种心理状态，是需求得到满足后所产生的愉悦感。而敬业度指的是员工在情感和知识方面对企业的一种承诺和投入。敬业度是员工对待工作的一种状态，高度敬业的员工喜欢工作，乐于自我制定挑战性的目标，对新的工作领域有好奇心和学习力，乐于与他人协作，自发地做事情，会不妥协、高标准、高质量地完成工作。

小张和小周在同一家公司工作，两个人虽然所处的工作部门相同，但是工作所持的心理状态却完全不同。小张在工作中具有较高的满意度，他经常说的一句话是："我的工作也不累，容易完成。老板人也不错，福利待遇也很好，我对工作很满意。"而小周的敬业度很高，他对待工作的想法是："我每天早上一醒来就迫不及待地开始工作了。我的工作充满挑战性，这对我的能力提升有很大促进。我很有成就感。虽然公司流程现在不完善，但这会更加锻炼我解决问题以及同他人协作的能力。"相比之下，敬业度高的小周比满意度高的小张的工作积极性更高。

通过上述有关小张和小周的对比可以发现，敬业度高的员工比满意度高的员工的工作积极性更高。所以,中层管理者在绩效管理中要激发的是员工的敬业度,而非满意度,可以通过以下三个方面做到(见图1-4)。

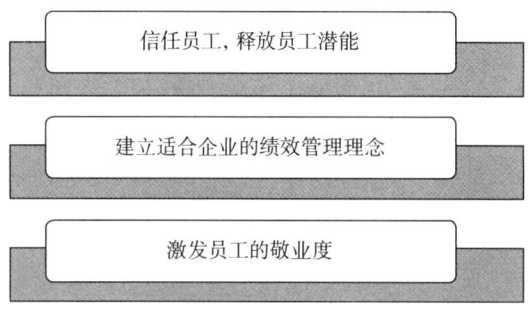

图1-4 如何做好绩效管理

1.4 获取高层支持，建立闭环绩效管理系统

绩效管理是一项系统的工作，为了保证绩效管理的最终效果，企业就要建立闭环的绩效管理系统，从而让绩效管理的各个环节环环相扣，达到提升企业绩效的目的。闭环绩效管理系统能够保证绩效管理的可靠性和有效性。如果没有闭环绩效管理系统，绩效管理就无法成为一个系统的体系，效果就会削弱。

一个闭环绩效管理系统通常可以分为三个环节。在建立闭环绩效管理系统的过程中，中层管理者就要对闭环绩效管理系统的这三个环节做好控制。

1.4.1 前馈控制：做好充足的事前准备

前馈控制，指的是在绩效管理计划正式实施之前所做的准备工作。在前馈控制中，中层管理者要做好各个方面的准备工作，其中涉及绩效目标、权责、制度以及人员等各个方面。只有将前馈控制中的各种准备工作做好，才能保证在实际实施绩效管理的过程中不出现差错。所以，做好前馈控制，是建立闭环绩效管理系统的第一步。

第一,绩效目标管理。目标管理的概念由管理专家彼得·德鲁克最先提出。德鲁克认为,并不是因为有了工作才有目标,而是因为有了目标,才能确定每个人的具体工作。所以,"企业的使命和任务,必须转化为目标"。在建立闭环绩效管理系统时,要做好绩效目标管理,将企业的发展需求转化为具体的工作目标。

通过绩效目标管理,能够改进组织结构的职责分工,调动员工的工作积极性。中层管理者在进行绩效目标的管理时,需要按照以下流程进行。

首先,绩效目标的设置。设置绩效目标是绩效目标管理的关键阶段。在这一阶段,主要可以分为四个步骤进行(见图1-5)。

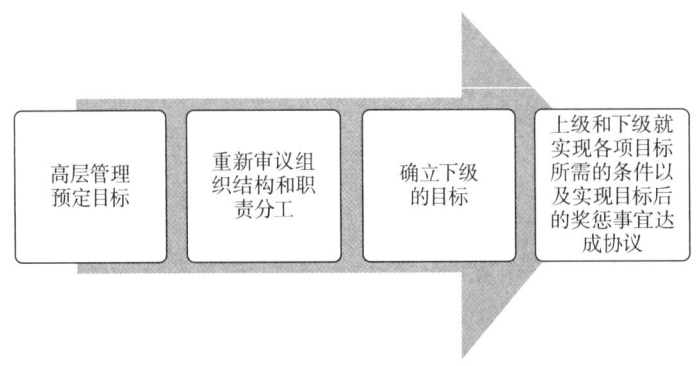

图1-5 设置绩效目标的具体步骤

其次,实现目标过程的管理。在设置具体的绩效目标后,为了保证实施效果,中层管理者还应做好实现目标过程的管理。要做到在过程中进行定期检查,及时向下级公布工作进度,在上级与下级的相互协调中做好目标实施工作。

最后,总结和评估。在达到预期之后,就要针对相关工作的完成情况做总结和评估。在这一过程中,下级要根据自己的工作完成情况做自我评估,并撰写书面报告;上级也要根据下级工作的完成情况,实施相应的奖惩。在总结经验教训后,就要讨论并确定下一阶段的绩效目标。

第二,权责控制。在前馈控制中,要做好权责控制,即对责任主体的工作职责与权限的控制。只有明确了每个人的权责，其在工作中才会更加认真负责。通常，权责控制主要包括以下内容（见图1-6）。

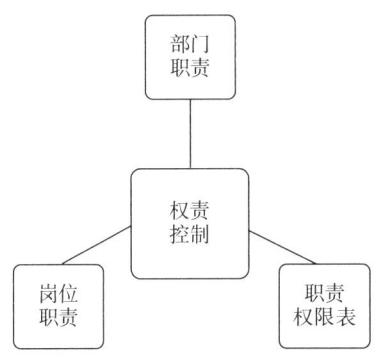

图1-6 权责控制的内容

第三，制度控制。制度控制是对例行性事务的前馈控制，是进行过程控制的前提。通过制度控制，可以对工作中的原则、程序、方法做出具体规定，保证各项工作能够有序进行。

第四，人员控制。人员控制是前馈控制的重要内容，主要考虑员工的任职资格与行为态度的可控性问题。员工只有完成工作所需要的相关任职资格以及具备正确的行为态度，才能保证其创造出理想的工作业绩。在人员控制中，需要考虑员工的以下素质（见图1-7）。

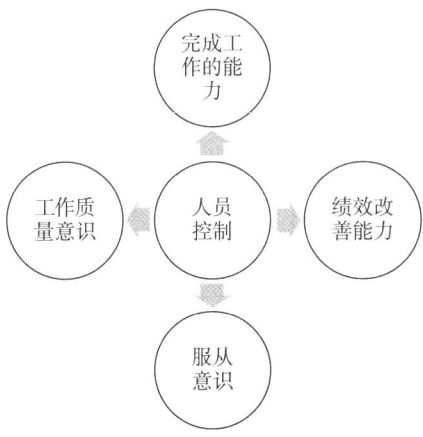

图1-7 人员控制的主要内容

1.4.2 过程控制：良好的过程实现合理的结果

一个合理的、符合预期的绩效考核结果的产生，有赖于良好的过程控制。通过过程控制，可以减少过程中不必要的因素对绩效考核结果的影响。所以，做好过程控制是保证绩效考核结果的关键。但是，一些企业在过程控制中存在以下一些误区（见图1-8）。

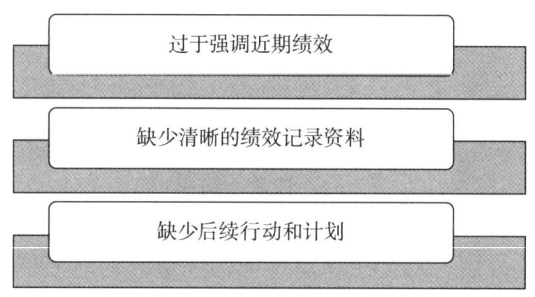

图1-8 过程控制中的误区

中层管理者要想做好绩效管理的过程控制，就要做好以下两点：

第一，保证持续的绩效沟通。绩效管理过程是一个持续的过程，如果缺少沟通，必然会出现信息盲区。而如果能够在绩效管理过程中保证持续的绩效沟通，就能够保持工作过程的动态性，各方都能够及时了解相关的工作信息，从而及时调整工作目标和工作任务。

第二，搜集绩效信息。在绩效管理中，影响绩效考核结果的一个关键因素就是绩效信息不完整，从而无法全面地展现员工的工作过程。而如果能够在绩效管理过程中搜集完整的绩效信息，就可以给绩效评估提供事实依据，保证绩效评估结果的公平、公正。

中层管理者在搜集绩效信息时，要有目的地进行，不能盲目。还要让员工参与搜集过程，这样可以保证所搜集的绩效信息客观、完整。搜集绩效信息时，中层管理者要分清事实和推测，避免将绩效事实与个人推测混淆，影响所搜集绩效信息的真实性与客观性。做好绩效信息搜集工作，能够为之后的绩效考评提供非常重要的参考依据。

1.4.3 反馈控制：做好绩效反馈才能提升绩效

反馈控制是建立在对绩效考核评估结果的基础上的，是对前馈控制做相应的修正和调整。通过做好反馈控制，能够保证员工清楚地了解自己的工作绩效以及工作情况，从而在之后的绩效管理中做好绩效改进。

中层管理者在做反馈控制时需要做好以下5项内容（见图1-9）。

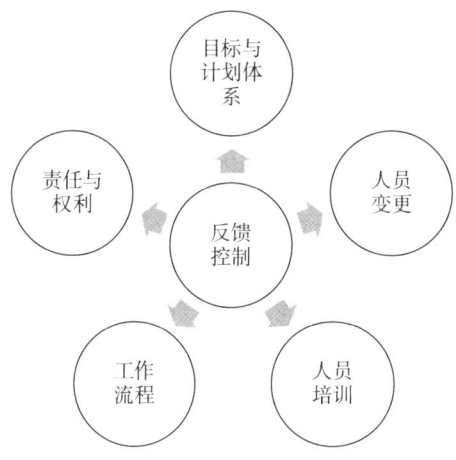

图1-9 反馈控制的主要内容

1.5 减人+提效+增收=增量绩效管理

现代企业管理中,绩效管理已经成为一种重要的管理方式。中层管理者期望通过绩效管理,在提升管理水平的同时,也提升工作效率,为企业增加效益。但是,并不是每一个实行绩效管理的中层管理者都能收到理想的效果。很大一部分中层管理者虽然实行了绩效管理,但是实际效果并不理想,甚至与期望背道而驰。之所以会出现这样的情况,关键在于没有掌握正确的方式。

华为作为一家著名的通信科技公司,近几年已经成功地踏上了发展的高速路。而华为之所以能够取得如此令人钦羡的成绩,其中一个重要原因就是其绩效管理。与其他企业的绩效管理方式不同,华为的绩效管理有其独到之处。华为通过其独具特色的绩效管理方式,实现了团队人数降低50%、人均劳力增长80%、销售收入增长20%的效果,做到了减人、增效、加薪三者的同时实现。

1.5.1 由薪酬倒推任务，任务由薪酬产生

在绩效管理中，大部分中层管理者的做法都是先做出预算，然后给员工安排工作任务。这样的方式在一定程度上等于"逼着员工去做"。这样的做法通常得到的结果都是中层管理者构想一幅美好的愿景，但是员工却并不埋单。员工对绩效目标没有积极性，对待工作没有真正的目标，所谓的目标也只是企业强加在他们身上的。在这样的情况下，绩效管理就成为中层管理者"独自狂欢的盛宴"，自然无法取得理想的效果。

而华为的中层管理者们的做法却恰恰相反，在绩效管理过程中，为了提升绩效管理水平，他们先给员工制定一个薪酬包，员工拿多少薪酬，就按照比例倒推出他的工作计划。例如，给员工30元的薪酬，他就要完成600万元的绩效目标。这种由薪酬倒推工作任务的方式，与先做预算再安排工作任务的方式最主要的区别就是可以给员工一个内在的动力，员工在工作中所做出的所有努力都出自其本心，其工作积极性自然会高得多。

在实行由薪酬倒推工作任务的方式时，最核心的做法就是把企业的组织绩效和部门费用、团队薪酬联系起来。例如，每完成一项任务，就给前20名完成任务的员工加20%薪酬，中间20%的员工加10%的薪酬。每超额完成10%，再增加10%的酬劳。只有这样，才能将企业的利益与员工的利益捆绑在一起。员工努力工作，不仅是为了企业，更是为了自己。

1.5.2 提升人均"毛利"

人均"毛利"是衡量企业竞争力的重要指标之一，也是企业唯一的生存指标。通常，一个企业的最低收入水平应该保证人均"毛利"为35万元，其中，50%是人工成本，35%是业务费用，15%是净利润。

华为公司的中层管理者在绩效管理中的一个重要方式就是提高人均"毛利"。事实上，很多员工都不会为了销售收入的提升而努力工作。所

以，提升人均"毛利"，就成为激励员工、提升企业效益的重要方式。在绩效管理中，管理者将"毛利"分为六个包（见图 1-10）。

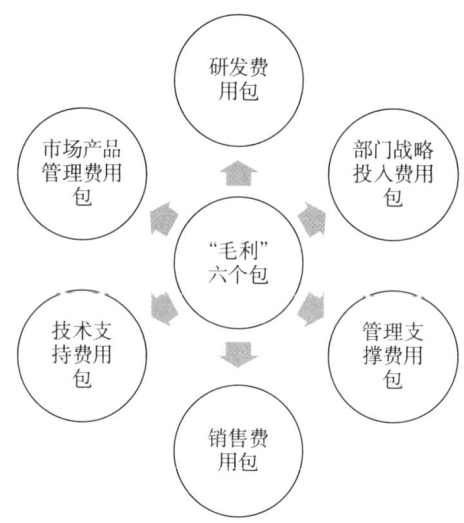

图 1-10　绩效管理中的"毛利"六个包

除了设置有关绩效管理的六个包，管理者们还设置了专人来管理这六个包，并根据"毛利"的比例确定团队管理人数。由于华为规定每个团队管理人员都要拿到 28 万元的固定薪酬，所以所设置的人均"毛利"指标为 100 万元。

只有人均"毛利"实现增长，企业的薪酬包才会增长，员工的薪酬也才会增长。所以，在绩效管理中，为了增加企业效益，提升员工工作积极性，就要努力提升人均"毛利"。这样，不仅员工的工作积极性会显著提高，企业的竞争力也会大大增强。

1.5.3　减人的同时也要增效

企业要提升效益，就要降低人力成本，将员工的才能发挥到最大限度，让每一个员工都能为企业创造最大效益。为此，华为的中层管理者们在绩效管理中采用了"减人"的方式，以避免由于人员冗杂造成的人力成本浪费,力争让每一份人力成本都发挥出最大价值。所以,华为对于人员的招聘特别谨慎。每次在招聘员工之前,华为的中层们都会事先考虑以下三个问题(见图1-11),之后才会做出是否招人的决定。

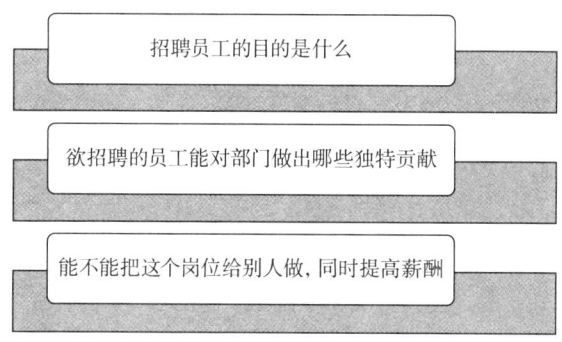

图1-11 华为招聘员工之前考虑的问题

由此,华为的中层管理者通过减人、增效、加薪的独特绩效管理方式,实现了增量绩效管理。

1.6 规避绩效管理误区，保证团队绩效

绩效管理作为目标管理和过程管理的一种新型管理方法，已经在各类企业中获得了成功。但是，仍然有很多中层管理者由于对绩效管理缺乏完整、深刻的认识，以及对绩效管理的认识存在偏差，从而导致在实际实行绩效管理的过程中陷入各种各样的误区，最终影响了绩效管理的效果。中层管理者要想通过绩效管理制度提升管理水平与整体效益，就要规避绩效管理中的各种误区，保证工作团队的整体绩效。通常而言，企业中层管理者在绩效管理的过程中容易陷入的误区有以下几个方面。

1.6.1 生搬硬套，盲目模仿成功企业的做法

很多中层管理者在绩效管理过程中存在的一个最明显、最致命的误区就是盲目迷信成功企业绩效管理的经验，不顾自身企业的实际情况，东学一点西学一点，最终搞出一套似是而非的方案。这样做出的绩效管理方案脱离了企业的实际情况，不符合企业的实际需求，对于提升自身的管理水平与工作业绩没有任何帮助，只是浪费人力和时间而已。

为了避免陷入"生搬硬套,盲目模仿成功企业"这一误区,中层管理者在设计绩效管理方案时,就要明确以下三个问题:

第一,目标性问题。导致陷入这一误区的一个重要原因就是中层管理者没有明确实行绩效管理制度的目标是什么。具体做法是,导入相对规范的绩效管理机制,明确实行绩效管理制度主要是为了解决什么问题,如此才能在制定绩效管理方案时有针对性。

第二,时机问题。实行绩效管理制度的时机非常重要。只有中层管理者,特别是最高领导者对自身的认识、公司战略水平与能力、HR体系等都有了一个明确的认识之后,才是实行绩效管理的最佳时机。

第三,绩效管理制度与企业文化的相容性问题。绩效管理机制的原则、做法与企业倡导的文化要有较强的相容性。最终绩效考核结果的应用也应该与企业所倡导的问题相融合,切忌做成"两层皮"。

1.6.2 绩效管理就是绩效考核

很多中层管理者在对绩效管理的认识中都存在一个非常大的误区,即常常认为绩效管理就是绩效考核,所以绩效管理就是与绩效考核一样,只是给员工打分而已。至于定目标、考核结果沟通与辅导等其他环节,则草草应对,结果陷入"为考核而考核"的错误境地,这是一个致命的误区。

实际上,绩效考核与绩效管理有着非常明显的区别。绩效考核主要是评估员工如何达到既定的绩效目标的过程,在工作描述中阐明了员工需要做什么。而绩效管理的范围与绩效考核相比则大得多。绩效管理是一个完整的周期,不仅包括绩效评估,还包括了计划员工需要达成的工作结果、监控员工行为和达到的结果、发展员工的能力、评估员工的行为表现和达到的结果以及反馈评估的结果等工作。绩效评估是用来测评员工在特定的时间内有没有完成既定的工作内容。在大多数情况下,评估注重数量、质量、开销、时间、客户反馈等与员工表现相关的事项。绩效管理中的各项工作环环相扣,是一个完整的循环过程。总体来说,绩效管理始于绩效考核，是对绩效考核的改进与发展。

绩效考核与绩效管理的不同点主要表现在以下三个方面（见图1-12）。

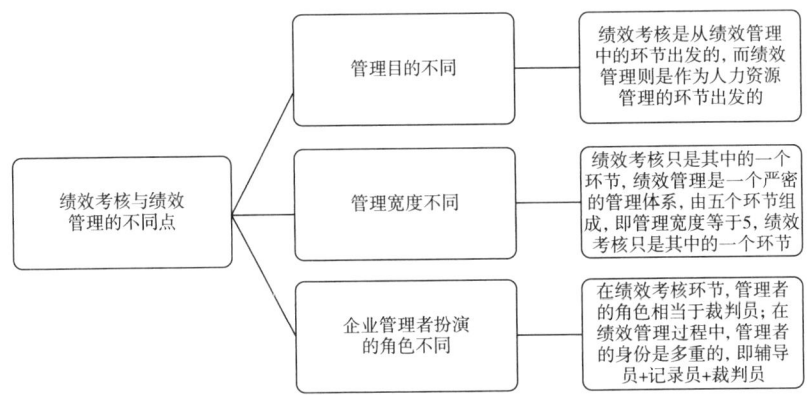

图1-12 绩效考核与绩效管理的不同点

中层管理者在实行绩效管理制度时要明确绩效考核与绩效管理的不同点，避免陷入绩效管理就是绩效考核的误区，最终影响绩效管理的效果。

1.6.3 绩效考核成为"数字游戏"

一些中层管理者实行了绩效管理制度，对于绩效考核也非常重视。在管理上，有组织、有制度、有流程，也有一套看似很好的量化指标体系。每个考核周期，都会在考评方案制定以及具体实施上花费很多精力，但唯独就是看不到绩效的提升。出现这种问题的原因，就是中层管理者在绩效管理中又陷入了另外一个误区：只是注重绩效考核规章制度是否"好看"，却忽视了绩效考核制度的实用性，最终导致绩效考核成为"数字游戏"，主要存在以下两个问题：

第一，指标体系设计不周，为算而算。考核指标体系对于绩效考核的最终结果具有重要的指导意义，只有将绩效指标体系设计好，才能真正发挥绩效考核的作用。但是，很多中层管理者由于绩效指标体系设计不周，只是为了算而算，最终导致绩效考核指标体系不完善，主要表现在以下三个方面(见图 1-13)。

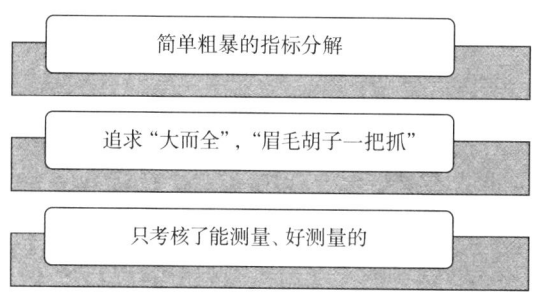

图 1-13 指标体系设计不周、为算而算的主要表现

第二,关注规则多于关注做事。很多中层管理者在绩效管理中,只关注规则设置得是否"好看",但是实际的工作完成情况却予以忽略。这种本末倒置的情况会严重影响绩效管理的效果。所以,中层管理者在绩效管理的过程中要关注实际的工作情况,避免过多关注规则。

第2章

制订绩效计划：
中层定目标，团队出绩效

在绩效管理中，制订绩效计划是至关重要的一环。绩效计划是被评估者和评估者双方对应该实现的工作绩效进行沟通的过程，并将沟通的结果落实为制订正式书面协议，即绩效计划和评估表，它是双方在明晰责、权、利的基础上签订的一个内部协议。通过制订绩效计划，可以给员工一个清晰的目标，让其明确工作方向，最终达到提升团队绩效的目的。

2.1 目标不到位，绩效差百倍

工作目标的设定对于工作的完成效果具有重要意义。在实际工作中，一切工作行为都是为了达成工作目标而进行的。只有工作目标设置得合理，工作过程才会有正确的努力方向，最终的工作效果才能符合预期。如果绩效目标设置得不合理，就无法达到预期的工作效果。所以，设置合理的绩效目标，是做好绩效管理工作的重中之重。

E公司是一家初具规模的家电生产企业。为了提升工作业绩，公司中层管理者决定对员工实施绩效管理。但是，由于E公司的中层管理者没有认清自身企业的实际情况，使得所设置的绩效目标并不合理。虽然E公司近年来经营业绩不断提高，企业的发展逐步上了一个新台阶，但是与同行业中实力强劲的大企业相比，能力仍然较弱。但E公司的中层管理者却盲目乐观，高估了自身企业的实际能力。因而在制定绩效目标时，制定了一个几乎不可能实现的目标——一年内成为家电行业的龙头企业。

为了实现绩效管理目标，E公司的中层管理者加强了对员工的管理，提升了每个员工的绩效目标。但是,员工都认为这个绩效目标不切实际,根本不可能实现。所以,E 公司的员工非但没有因为绩效目标的提升而增强工作动力,反而降低了工作积极性。最终,E 公司的工作业绩不但没有提升,反而下降了许多。

E 公司之所以会出现这样的情况,归根结底是因为所制定的绩效目标不合理。可见,绩效目标对于绩效管理具有非常重要的作用,主要表现在以下三个方面(见图 2-1)。

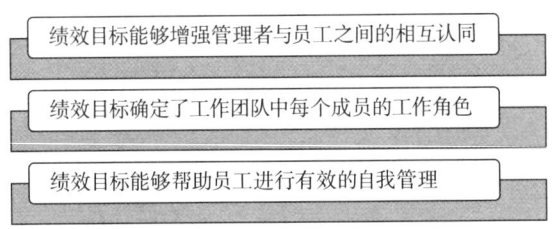

图 2-1 绩效目标的重要性

为了避免出现与 E 公司同样的情况,中层管理者在制定绩效目标时应该保证绩效目标的合理性,避免由于所设置的绩效目标过高或者过低而影响最终的绩效考核结果。

合理制定绩效目标,保证绩效考核结果

绩效目标的设定是绩效管理有效的基础,若目标设置不合理,则根本无法达到绩效改善及传播经营理念的目的,反而形成了为考核而考核的负激励作用,使考核流于形式。所以,制定合理的绩效目标,才能保证最终的绩效考核结果符合预期。

制定合理的绩效目标,需要遵循以下规则:

第一,确定绩效目标的来源。中层管理者在制定绩效目标时,首先要确定绩效目标的来源,即绩效目标由何产生。找到绩效目标的来源,是制定合理绩效目标的第一步。通常,绩效目标的来源可以分为以下两种

(见图2-2)。

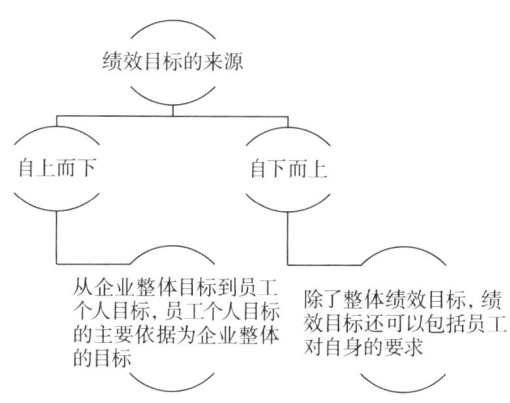

图2-2 绩效目标的来源

中层管理者在制定绩效目标时,要确定绩效目标的来源,通过两个不同的方向寻找绩效目标,并最终确定绩效目标。

第二,控制绩效目标的数量。一些中层管理者在制定绩效目标时存在一定的误区,认为绩效目标越多越好。所以,在制定绩效目标时,总是尽可能多地制定绩效目标,但是实际的绩效考核结果却不那么尽如人意。事实上,过多的绩效目标会让员工的工作抓不住重心。试想,如果哪项工作都是目标,那么哪项工作都将无法成为重点。所以,在制定绩效目标时,要控制好数量。

通常,绩效目标的数量应控制在3~5个为宜,并且所确定的绩效目标应该为关键工作,体现所在工作岗位的核心价值。如果绩效目标多于5个,就会让员工的工作精力过于分散,从而抓不住重点。

第三,绩效目标切忌设置得过高或过低。在设置绩效目标时要注意其合理性,设置得过高,会让员工感到高不可攀,最终使绩效管理流于形式;而如果将绩效目标设置得过低,员工则会认为毫无挑战性,无法调动其自身的工作积极性和挑战性。

第四,绩效目标要分阶段制定。一些中层管理者在制定绩效目标时认

中层 抓绩效　**基层** 出结果

为只要制定好一个总目标就万事大吉了。实际上，随着工作情况的变化，需要不断地对工作目录进行一定的调整。此外，为了保证绩效目标的合理性，在制定好总体绩效目标后，还需要合理地制定阶段性目标，并及时跟踪、反馈、辅导和修正，最终保证总体目标的实现。

2.2 对"上"分层面,对"下"订协议

绩效计划是绩效管理的一个有力工具。通过绩效计划,可以体现上级与下级之间所确定绩效指标的严肃性,并且能够使中层管理者将精力集中在对企业价值关键的经营决策上,从而确保企业总体战略的逐步实施及最终目标的实现。绩效计划也是绩效管理体系的第一个关键步骤。通过绩效计划,可以建立起一种科学合理的管理机制,将企业的利益与员工的利益真正捆绑在一起,以提升员工的工作积极性。所以,中层管理者在绩效管理过程中要制订合理的绩效计划。

2.2.1 依据责任主体,分层面制订绩效计划

制订绩效计划时,需要根据不同的责任主体将绩效计划划分为不同的层面,这是制订一套完善的绩效计划的关键步骤。通常,按照绩效计划责任主体的不同,可以将其分为两个不同的层面(见图2-3)。

其中,企业绩效计划又可以分解为部门绩效计划,而部门绩效计划细分后可以作为制订个人绩效计划的依据。总体来说,两个层面的计划相互

图 2-3　绩效计划的两个不同层面

促进，通过个人绩效计划的完成，可以促进部门绩效计划的完成。

第一层，部门绩效计划。部门绩效计划是整个绩效计划的第一个层面。通常，部门绩效计划主要包括以下几项内容（见图 2-4）。

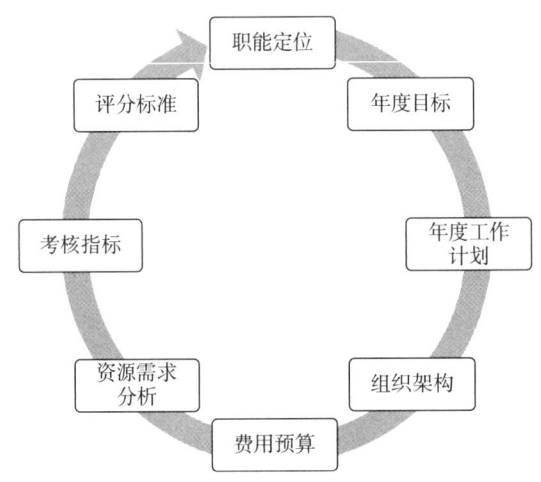

图 2-4　部门绩效计划的主要内容

在制订部门绩效计划时，要对以上内容进行合理设置。其中，资源需求分析尤为重要，即需要具有什么样的资源，才能保证绩效计划的有效实施。

此外，在制订部门绩效计划时，还要以企业绩效计划为依据，结合本部门的实际情况，经过多方协调，最终确定部门绩效计划。

第二层，个人绩效计划。即落实到每个工作岗位、每个员工身上的绩效计划，这也是整个绩效计划中的最后一个层面。个人绩效计划的主要内容包括岗位主要职责、年度目标、个人发展计划、考核指标及评分标准。在个人绩效计划中,最关键的内容为员工个人的发展计划。一个合理的个人发展计划,应该是员工个人的发展要求与企业的发展相结合的产物,必须是可以通过员工个人的发展促进企业的发展。所以,在制定员工个人的发展计划时,需要中层管理者与员工相互协调、沟通,以制订出对员工个人和企业都有益的计划。

通过个人绩效计划,能够真正将员工的个人利益与企业的整体利益捆绑在一起,当员工的利益与企业的利益相互依存时,员工的工作积极性自然会大幅提升,并且会在为自己谋求美好未来的同时实现企业发展。

2.2.2 坚持两项原则,保证绩效计划的合理性

有些中层管理者所制订的绩效计划总是不甚合理,要么过高,要么过低,或者不够精确。而如果绩效计划中存在这样的问题,则会对最终的绩效考核结果产生影响。所以,为了保证所制订的绩效计划的合理性,在制定时,就要遵循制订绩效计划的两项原则。

第一,SMART原则。在制订绩效计划时,遵循SMART原则,能够保证绩效计划的有效性。SMART原则主要表现为以下要求(见图2-5)。

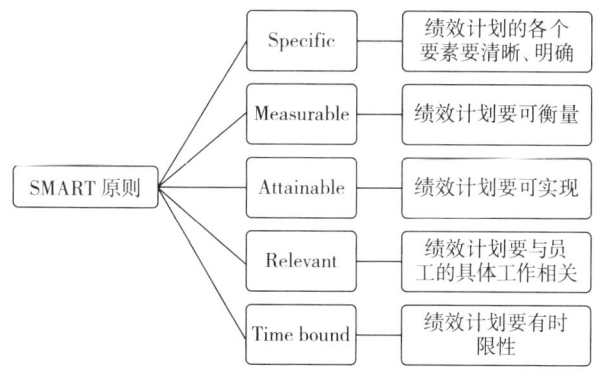

图2-5 SMART原则

在制订绩效计划时，要保证其满足 SMART 原则中的各项要求，从而确保其合理性。

第二，计划评审原则。这是一种广泛应用于项目管理中的方法，是规划项目计划的管理技术。计划评审原则主要评审整个工作计划中的每一项作业之间的相互关系，同时估算出每一项作业所需要耗费的时间、财力、人力及资源。

评审内容主要包括三点：一是要为完成每一项作业留有相对宽裕的时间；二是找出整个工作过程中有可能会成为瓶颈的那一项作业，进而合理安排每一项作业的时间；三是做到对人力及其他资源进行有效运用。

在确定了绩效计划后，就要对所制订的绩效计划进行评审，找出其中存在的问题并及时纠正，以保证绩效计划的顺利实施。

2.2.3　签订绩效协议书，明确各方责任

在制订绩效计划的过程中，确定了绩效计划并不代表完成了所有工作，还需要签订绩效协议书。绩效协议书的主要作用就是明确当事人的绩效责任，以让团队成员进一步明确自己的工作内容，从而在绩效管理过程中有针对性地进行工作。

在绩效协议书中，应该明确员工的工作目标、行动计划、工作结果、衡量工作结果的指标及评价标准和工作权重等。在确认内容无误后，双方就要正式签订绩效协议书，如此才能给绩效计划的实施提供切实保障。

2.3 分解绩效目标,渐进式完成绩效计划

任何一个目标都不是一蹴而就的,都需要有一个循序渐进的过程,需要将目标分解为若干个小目标,通过对这若干个小目标的逐渐落实,最终达到总目标的实现。

2.3.1 设定部门绩效目标并传达给员工

在这一绩效目标分解过程中,设定具体的绩效目标时要严格依据"指标设定七要素"(见图2-6)进行设定。

针对各项指标的设定与分解,管理者及团队之间要在这七要素上达成共识。此外,还需要根据"BSAM"(见图2-7)原则检验整个指标体系的设定是否科学、合理。

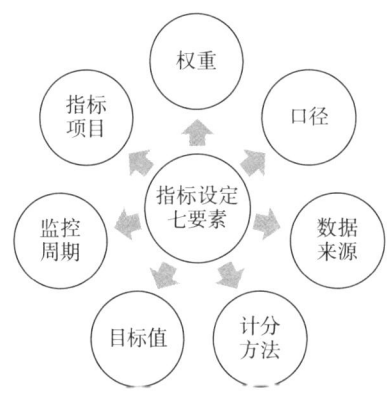

图2-6 指标设定七要素

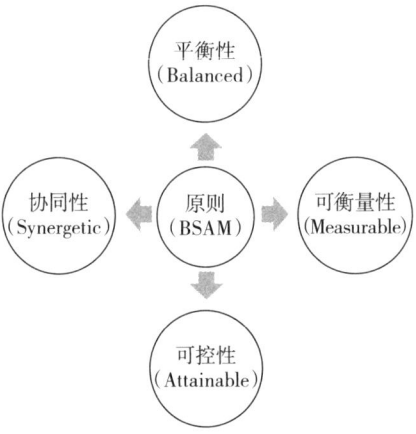

图2-7 BSAM原则

艾米是一家互联网公司的中层管理者,在制定出企业的部门绩效目标后,为了保证绩效管理能够顺利实施,她决定对绩效目标进行分解。但是,在分解的过程中她犯了一个错误,即忽略了基层员工对部门绩效目标的深入理解。原来,艾米在分解绩效目标的过程中,只给一些组长等做了解释,而未对基层员工进行详细讲解。这样的做法导致员工在实际工作中由于不了解和不理解部门目标,致使工作过程中出现偏差,从而在一定程度上阻碍了部门绩效目标的实现。

由上述案例可见，中层管理者在分解部门绩效目标时，一定要注意避免出现与艾米类似的错误，要将部门所制定的绩效目标对每个员工做出深度解读。

部门绩效目标设定与分解也是整个绩效指标体系管理的重中之重，是分解绩效目标的关键环节。

2.3.2 设定并分解员工个人绩效目标

在确定了每个部门的绩效目标之后，为了增强绩效目标的可行性，就要设定并分解员工个人绩效目标，以将目标分解得更为具体，让员工能够明确自己的工作目标与具体的工作内容。在这一过程中，对员工个人的绩效目标设定的关键要求是精准，而不必要追求指标体系本身的完整全面。所以，针对不同类型的员工，采用的绩效指标设定方法也会有所差异。

其中，员工个人绩效目标的分解需要注意以下三点：

第一，不同层级人员的绩效目标制定的原则不同。制定并分解企业管理人员的绩效目标时，可以用类似于公司战略指标的制定方法，使用平衡计分卡从四个维度进行个人绩效目标的制定；而对于企业的基层员工，则更多地需要从其所任职位的岗位职责中提炼绩效指标。

第二，绩效目标不同于工作计划，要严格控制绩效目标的数量。通常，无论是企业、部门，还是个人的绩效目标，总体数量都应该控制在 5~8 个最为合适。如果设定的绩效目标过多，就会没有侧重点，甚至变成具体的工作计划，这样不仅会冲淡绩效目标的导向作用，还会影响员工对绩效目标的理解。

第三，分解绩效目标应该是中层管理者与下属充分沟通之后的结果。在分解目标时，管理者一定要与下属进行充分的沟通，让下属认同其个人绩效目标。如果缺少双方沟通交流确认绩效目标的环节，没有达成一致的意见，那么绩效管理也就失去了其最初推行的意义。

2.4 给本部门设计有效的 KPI

KPI，又称为关键绩效指标，指的是可以使部门主管明确部门的主要责任，并以此为基础，明确部门员工的业绩衡量指标。关键绩效指标是用于衡量员工工作绩效表现的量化指标，是绩效计划的重要组成部分。作为企业部门目标的分解，关键绩效指标的制定能有力地推动部门目标在本部门的执行，同时让部门所有人员都对岗位工作职责和关键绩效要求有清晰的认识，从而可以确保部门所有人员工作方向的一致性，保证所制定的绩效计划有效实施。

2.4.1 明确关键绩效指标的来源，寻找关键绩效指标

在确定关键绩效指标时，为保证所确定关键绩效指标的合理性和有效性，就要明确关键绩效指标的来源，并有效寻找关键绩效指标，而不是盲目地设置一些工作目标作为绩效考核的关键绩效指标，这样不仅无法达到预期效果，甚至有可能产生负面影响。

通常，员工关键绩效指标的来源主要有以下三个方面：

第一，员工的职位说明书。确定关键绩效指标，就是要找出员工所处工作岗位中工作要求的重点。所以，员工的职位说明书是关键绩效指标的一个重要来源。并且，对员工所进行的所有考核，都应该在员工的工作职责范围内。从员工的职位说明书中寻找关键绩效指标，既能帮助中层管理者重新定位员工的工作，不断丰富其工作内容，同时又是对职位说明书的丰富和发展。

在确定员工的关键绩效指标时，可以参照员工的职位说明书，找出其工作的重点，作为确定关键绩效指标的重要依据。

第二，本部门或者工作团队的工作目标。员工所做的任何工作都应该符合本部门或者所在工作团队的工作要求，而一个部门或者工作团队所做的所有工作都应该符合企业整体的发展目标与发展规划。所以，在确定关键绩效指标时，可以根据本部门或者工作团队的工作目标，与企业的发展战略相结合，对部门或者工作团队的工作目标进行有效分解，以此确定员工的关键绩效指标。

第三，员工上一个绩效周期的工作情况。中层管理者在确定关键绩效指标时，需要注意的是，确定关键绩效指标并不只是制定新的工作目标，还应该对上一个绩效周期内未完成的工作目标加以完成，对出现的问题加以改善。只有这样，员工的工作能力及工作质量才能够逐步提升。所以，中层管理者在确定关键绩效指标时，还应该参考员工在上一个绩效周期内的工作表现，对未完成的工作及出现的问题进行改善。

约翰是一家高科技公司的研发部门主管。为了制定研发部门员工的关键绩效指标，约翰参考了多项内容。首先，约翰针对研发部门员工的职位说明书（见表2-1），分析了研发人员的工作重点。

表 2-1 研发人员的职位说明书

研发人员工作职责	按照工作要求完成项目的开发工作
	完成产品的设计开发、器件选择、试验以及测试等
	编制新产品相关的设计、技术等开发文件
	总结产品研发经验,不断改进并提高产品性能

在研发人员的职位说明书中,约翰认为研发人员的主要工作就是研发新产品,并努力缩短新产品的研发周期。除此之外,约翰也分析了研发人员在上一个绩效考核周期中出现的问题。最后,以研发部门总体的工作目标为依据,约翰确定了研发人员的关键绩效指标为新产品的数量、产品在同行业的领先程度及新产品研发的周期。在对员工进行绩效考核时,将主要依据上述三个方面进行。

2.4.2 确定具体的关键绩效指标

在明关键绩效指标的来源之后,就要确定具体的关键绩效指标。通过上述关键绩效指标的三个来源,通常可以找出多个绩效指标。但是,为了保证绩效考核的有效性,方便之后的考核工作,就要挑选出几个最合适、最具代表性的绩效指标作为关键绩效指标。反之,如果"眉毛胡子一把抓",最终只能扰乱绩效考核的思路,并为绩效考评阶段带来麻烦。

郑玲是某家医药公司的销售主管,在确定销售部门员工的关键绩效指标时,由于没有找出具体的关键绩效指标,而是以销售员工的职位说明书为依据,将其中对销售员工的全部要求都作为关键绩效指标,最终导致考核过程缺少指向性,考评阶段缺少明确依据,影响了绩效考核的效果。

以下为郑玲所在部门销售员工的职位说明书(见表 2-2)。

表 2-2 销售人员职位说明书

销售人员工作职责	服从公司安排，一切工作以公司的总体目标为依据
	在销售过程中要严格按照销售流程销售产品
	每月按照销售人员寻访流程开展工作
	定期反馈区域市场用户信息和需求，了解同行业的产品销售情况
	督导实习销售人员的销售工作
	服从并做好上级临时指派的工作任务

从销售人员的职位说明书中可以看出，其对销售员工的要求几乎涵盖了销售员工的所有工作。如果将职位说明书中的所有内容都作为关键绩效指标，则无法突出考核的重点。这样不仅会给员工的执行过程造成混乱，还会加大绩效考评的难度，最终影响绩效考核的效果。

因此，为了避免上述情况的发生，中层管理者应该在众多的绩效指标中挑选出几项最合适的考核指标作为关键绩效指标。

2.5 考核精确到人，指标精确到量

绩效考核要想做得好，需要在每个方面都有完善的设置，而不应泛泛而谈。一些中层管理者之所以做不好绩效考核，就是因为绩效考核做得不够精确，主要表现在两个方面：一是考核未精确到人，导致大家都认为工作会有别人去做，处罚也不会单罚自己，所以对待工作抱持一种懈怠的态度；二是考核指标未精确到量，导致在绩效考核中没有具体的依据，得过且过，让绩效考核失去了其应有的权威性，而这也是做不好绩效考核的最关键原因所在。因此，在做绩效考核时，要保证考核精确到人、指标精确到量。

2.5.1 将考核精确到人，消除"法不责众"的思想

在设置考核项目时，为了将考核精确到人，就要将考核项目分配到每一个员工身上，给每个员工都定下工作目标及工作标准，而不是只给一个工作团队或者几个人同时制定一个工作目标。如果考核项目只分配到了团队或者小组的级别，而未给员工个人分配具体的工作指标，就无法真正激发员工的工作热情，无法使员工产生危机感和紧迫感。

B公司是一家著名的互联网公司，为了加强对员工的管理，提升工作效率，中层管理者决定对员工实行绩效管理。但在具体实行考核工作的过程中，中层管理者并未将工作分配到每个员工身上。

而这样做的结果就是，由于员工个人并没有明确的工作指标，所以就形成了一种面对工作大家你推我让，都想让别人来做，导致工作完不成的情况。久而久之，法不责众，工作毫无进展，管理者只能干着急。如此一来，不仅没有提升员工的工作效率，反而使工作效率比实行绩效管理之前还低。

B公司的情况并不是个例，现实中，有很多企业都存在与B公司类似的情况。而出现这种情况的原因，归根结底是未将考核指标分配到员工个人，滋生了员工"等"以及"法不责众"的心态。所以，只有将考核指标精确到每个员工，保证每个员工都有指标，并对其未完成指标制定出相应的处罚措施，才能真正增强员工的危机感与紧迫感，促进其提升工作效率。

2.5.2 将考核指标精确到量，让考核更易执行

精确考核，除了将考核精确到人，另一个关键的要求就是将指标精确到量，即明确考核标准，量化考核指标。很多中层管理者在做绩效考核时都存在一个相同的问题：绩效考核前期做好了充足的准备，绩效考核中也是严格按照相关的流程进行，但是到了绩效考评阶段，因为缺少明确的考核标准，使得考核人不知道应该依据什么给员工打分，最终只能按照自己的主观判断来评定员工绩效的好坏，这样可想而知，很容易引起员工的不满。所以，为了避免在绩效考核中出现类似的情况，就要在实施绩效考核之前，明确绩效的考核标准，将绩效考核指标精确到量。概括起来，主要应做到以下三点：

第一，能量化的全部量化。

在实际工作中，大部分的工作都是可以量化的。因此，在设置考核指标时，一定要将考核指标精确到量。

简是一家家电生产企业的销售主管。在实行绩效管理的过程中，为了方便绩效考核，避免在绩效考核中有可能产生的一系列问题，简致力于将考核指标精确到量。特别是销售人员的工作，基本上都是可以量化的。所以，简在对销售人员进行绩效考核时，设置了非常明确的绩效考核标准，把能够量化的指标全部量化，最终制定了针对销售人员的《绩效考核表》（见表2-3）。

表2-3 家电销售人员绩效考核

		工作目标	实际完成情况	上级评价	得分
财务	产品销售额	20万元			
客户	客户流失率	0%			
	客户维系率	100%			
	客户投诉率	0%			

简通过将销售人员的考核指标进行量化，能够让销售人员非常明确地知道自己要达到的工作目标是什么。同时，由于各项工作要求都有明确的数据，在后期进行绩效考核时，考核人员也会有明确的依据，这样就极大地降低了考核的难度，提高了考核的公平性、公正性。

由上例可以看出，中层管理者在设置绩效考核指标时，也应该将能够量化的考核指标量化。具体的量化方式主要有以下三种（见图2-8）。

第二，不能量化的一定要细化。

在实际工作中，除了那些能够量化的工作，还有一些工作，由于工作性质的原因，如行政人员的工作，并不方便将工作指标进行量化。在这种情况下，就要将考核指标进行细化。通过细化考核指标，能够让员工更加清楚自己的工作职责，以便更好地执行。

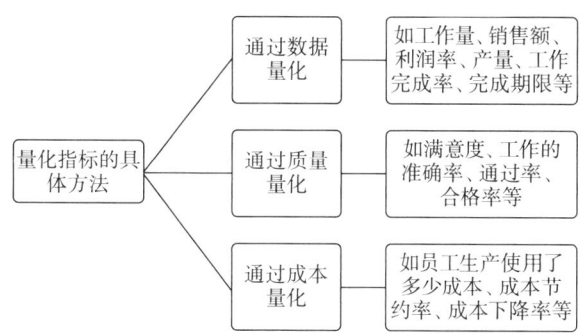

图 2-8 考核指标的具体量化方法

某家保险公司在量化员工的考核指标时,对于行政部门这样不适合量化的工作内容,进行了一定的细化,并且制定了行政人员《绩效考核表》(见表 2-4)。

表 2-4 行政人员绩效考核

工作职责	细化范围
办公室日常办公制度维护、管理	维护正常的工作秩序,避免外界因素打扰
办公室各部门办公后勤保障工作	购买办公用品:卷筒纸、笔、打印及复印耗材
对全体办公人员(各部门)进行日常考勤	统计员工的出勤率
处理公司对外接待工作	对来访者进行登记
组织公司内部各项定期和不定期集体活动	确定公司团建的时间、地点、内容
协助总经理处理行政外部事务	处理行政部与其他部门的工作交流

第三,不能细化的一定要流程化。

在实际工作中,存在着少数不能细化的工作,对于这样的工作一定要流程化。而对于那些既不能量化又不能细化的工作,如果不通过设置一定的流程对其工作进行限定,后期的考核工作就会由于缺少具体的参考依据而变得非常困难。因此,将不能细化的工作流程化,是为了让员工在工作时有参照依据。

所以,在量化绩效考核指标时,要将那些不能细化的工作流程化,通过制定明确的工作流程来保证工作的顺利进行。

2.6 确定每一个关键指标的实施思路

如果确定了关键绩效指标,但是没有进行相应的设置,就无法让关键绩效指标发挥出其应有的作用,如此关键绩效指标就失去了意义。确定每一个关键绩效指标的实施思路,就是要明确关键绩效指标在实施过程中的各个要素,为员工在之后的绩效工作中确立具体的工作标准及考核标准。通过这样的方式,不仅能够保证绩效考核的顺利实施,也能够有效提升员工的工作能力。

2.6.1 明确关键绩效指标的主体内容

在绩效考核过程中,所确定的关键绩效指标的具体内容又可以分为两部分:关键业绩指标和关键行为指标。确定关键绩效指标的实施思路,首先要分清关键绩效指标两个不同的内容,然后分别对这两个内容设置不同的考核内容与考核标准。

第一,关键行为指标是考察各个部门及各级员工在一定的时间、空间和职责范围内的关键工作行为的履行状况的量化指标,是对各个部门及各级团队的工作行为管理的集中体现。关键行为指标的具体标准主要分为以下五种（见图2-9）。

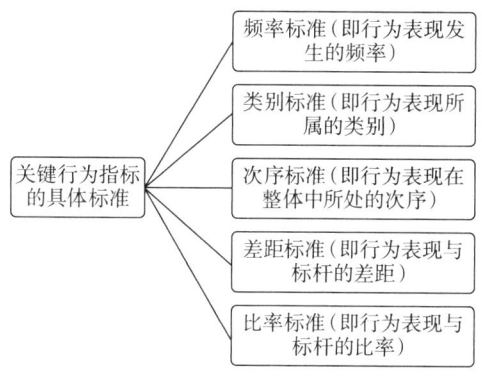

图2-9 关键行为指标的具体标准

A企业是一家汽车配件生产企业，在对生产车间主任进行绩效考核时，对其关键行为指标所规定的具体标准为：所属员工管理投诉次数（季度）不超过两次。其中，"不超过两次"即为频率标准，"管理投诉"则为类别标准。

第二，关键业绩指标。指的是员工所做出的工作业绩，其特点是考核指标围绕关键成果领域进行选取。关键业绩指标主要可以分为以下三类（见图2-10）。

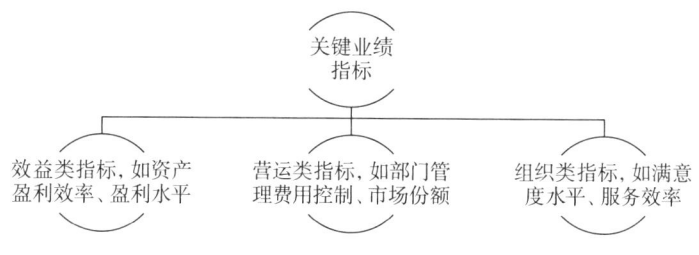

图2-10 关键业绩指标分类

2.6.2 为每个关键绩效指标设置个性化的权重

权重是一个相对的概念。针对一个具体的考核指标，该考核指标的权重指的是该指标在整体评价中的相对重要程度。为每个关键绩效指标设置合理的权重，是关键绩效考核指标实施的重要内容。但是，实际上，很多中层管理者在设置关键绩效指标的权重时都存在一个严重的问题：往往将不同考核指标的权重一体化，无论工作岗位及工作性质，权重一律用A、B、C、D来表现。但是，这样单一的权重形式并不能准确衡量每一种类型的工作。所以，为了保证关键绩效指标的实施，就要为每个关键绩效指标设置个性化的权重。

通常，不同的部门由于工作性质的不同，所适合的权重表现形式也不同。例如，行政部门的工作由于无法量化，所以可以采取A、B、C、D的形式表现；而销售部门或生产部门由于工作大部分都能够量化，因此需要用100%或者1~10分这种具体数字的形式表现。

D公司是一家化妆品生产公司，在设置销售部门的各项考核指标权重时，其采用了具体数字的表现形式（见表2-5）。

表2-5　D公司销售部门人员考核

考核具体项目	考核指标	权重	评价标准	评分
工作业绩	销售完成率	22%	实际完成销售额÷计划完成销售额×100%，考核标准为100%，每低于5%，扣除1分	
	销售增长率	10%	与上一月度或年度的销售业绩相比，每增加1%，加1分，出现负增长不扣分	
	销售回款率	10%	超过规定标准以上，以5%为一档，每超过一档，加1分。低于规定标准的为0分	
	新客户开发	10%	每新增一个客户，加1分	
	市场信息搜集	5%	（1）在规定的时间内完成市场信息的搜集，否则为0分 （2）每月搜集的有效信息不得低于×条，每少一条扣2分	
	报告提交	7%	（1）在规定的时间内将相关报告交到指定处，未按规定时间上交者为0分 （2）报告的质量评分为3分，未达到此标准者为0分	
	销售制度执行	5%	每违规一次，该项扣1分	
	团队协作	5%	因个人原因而影响整个团队工作的情况出现一次，该项扣4分	

续表

考核具体项目	考核指标	权重	评价标准	评分
工作能力	专业知识	4%	1分：了解公司产品基本知识 2分：熟悉本行业及本公司的产品 3分：熟练掌握本岗位所具备的专业知识，但对其他相关知识也要有所了解 4分：掌握熟练的业务知识及其他相关知识	
	分析判断能力	4%	1分：较弱，不能及时地做出正确的分析与判断 2分：一般，能对问题进行简单的分析和判断 3分：较强，能对复杂的问题进行分析和判断，但不能灵活地运用到实际工作中 4分：强，能迅速地对客观环境做出较为正确的判断，并能灵活运用到实际工作中取得较好的销售业绩	
	沟通能力	3%	1分：能较清晰地表达自己的思想和想法 2分：有一定的说服力 3分：能有效地化解矛盾 4分：能灵活运用多种谈话技巧和他人进行沟通	
	灵活应变能力	3%	应对客观环境的变化，能灵活地采取相应的措施	
工作态度	员工出勤率	3%	（1）月度员工出勤率达到100%，得满分；迟到一次，扣1分（2次及以内） （2）月度累计迟到3次及以上者，该项得0分	
	日常行为规范	3%	违反一次，扣3分	
	工作责任感	3%	0分：工作马虎，不能保质、保量地完成工作任务，且工作态度极不认真 1分：自觉地完成工作任务，但对工作中的失误有时推卸责任 2分：自觉地完成工作任务且对自己的行为负责 3分：除了做好自己的本职工作，还主动承担公司内部额外的工作	
	服务意识	3%	出现一次客户投诉，扣5分	

中层管理者在确定关键绩效指标的实施思路时，要设置好关键绩效指标的两个主题，并为每个关键绩效指标设置合理的权重。只有保证将各个方面都设置完善，才能发挥出关键绩效指标在考核中的重要作用。

第3章

绩效管理模式：
协助高层，实现企业绩效考核设置

不同的绩效管理模式适合的情况不同，所起到的作用也不相同。中层管理者要根据自身企业的实际情况，选择合适的绩效管理模式，将其作用最大化，以提升企业的管理水平和经营效益。

3.1
"德能勤绩"式：加强基础工作管理水平

"德能勤绩"式的绩效管理模式在绩效考核方面具有非常悠久的历史，至今仍然被很多企业应用在绩效管理当中。"德能勤绩"式的绩效管理模式注重对员工"德""能""勤"等素质的考核，而对于员工具体工作业绩方面的考核指标则相对较少。大多数情况下，"德能勤绩"式的绩效管理模式并不具备绩效考核指标的核心要素，也没有评价标准，所以就没有设定绩效目标。"德能勤绩"式的绩效管理模式可以帮助企业加强基础工作管理水平，适用于中层管理者。

3.1.1 德："德能勤绩"式绩效管理模式的首要因素

在实行"德能勤绩"式绩效管理模式时，首先要注重对员工"德"的考核。"德"是"德能勤绩"式绩效管理模式的首要指标，也是最重要的指标。因此，中层管理者在对员工进行绩效管理时，首先要考虑员工的"德"。

通常，员工的"德"主要表现在以下四个方面。作为中层管理者，要对员工所表现出的这四个方面的"德"进行综合分析。

第一，政治品德。即指辩证唯物主义与历史唯物主义的世界观，以及建立在这个世界观基础之上的政治立场等。员工在政治品德方面的具体表现为：拥有坚定的政治立场、廉洁奉公、做事公平公正等。政治品德是员工"德"的首要表现方面，也是衡量一个员工"德"的最关键因素。

第二，伦理道德。指的是员工在处理个人与社会之间、人与人之间关系时所表现出的思想品德。

第三，职业道德。指的是员工在工作中所处的职业与岗位特点所要求的相关的道德准则、道德情操及道德品质。职业道德对于员工在工作中的行为活动及行为标准提出了具体要求，同时规定了员工在其岗位上应该对企业、对社会所承担的道德责任和义务。职业道德是对员工实行"德能勤绩"式绩效管理的重点。员工只有具备良好的职业道德，才能做好自己的工作。

第四，心理品德。指的是员工的个性心理倾向、兴趣爱好是否高尚等。员工的心理素质是否健康及其具体的性格特点如何等，都会对员工的工作表现产生直接的影响。

因此，在实行"德能勤绩"式管理模式时，首先要考核员工的"德"。而在对"德"进行考核时，要着重考核员工的政治思想品德和职业道德。

3.1.2 能：胜任工作的基本条件

在"德能勤绩"式绩效管理模式中，"能"指的是员工在工作中表现出的各种才能及能力，也就是完成一定工作的本领。因此，在对员工的"能"进行考核时，要重点关注员工的相关专业知识及业务能力。通常，员工的能力主要由以下两方面组成。

第一，一般能力。一般能力指的是各个类型的工作人员在完成一切工作时都必须具备的相关能力。一般能力是较为普遍的能力。通常，一个员工的普遍能力主要包括以下三个方面的内容（见图3-1）。

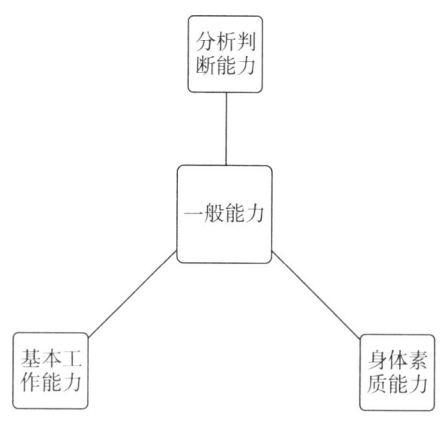

图 3-1 一般能力分类

一般能力是员工完成各项工作均应该具备的能力,中层管理者在对员工进行工作能力的绩效管理与考核时,首先要对员工的一般能力进行考核。

第二,特殊能力。特殊能力是指为了完成特定的工作而具备的能力。特殊能力通常为员工在某一具体工作岗位上的专业能力。员工的专业能力是绩效管理考核的主要内容。通常,员工的特殊能力包括专业技术能力、领导力、创造力及执行力等多个方面。

中层管理者在对员工进行绩效管理时,要综合考虑员工能力的这两个不同方面,认识到员工能力的潜在性和变化性,并且将员工所在的具体工作岗位与员工的工作能力相结合,分析员工是否具有足够的能力胜任其工作岗位的工作。同时,还要保证员工的工作能力能够得到合理运用与充分发挥。

3.1.3 勤:担负工作的基本要求

"勤"指的是员工在工作中是否勤奋,面对工作是否能够做到尽职尽责。在"德能勤绩"式绩效管理模式下,中层管理者在对员工进行"勤"的考核时,要根据员工在日常工作中的实际表现,了解员工的工作态度,分析员工是否用积极的态度面对工作，是否能够在工作中尽职尽责等。员工只有在工作中真正做到了一丝不苟、任劳任怨，才能达到"德能勤绩"式绩效管理模式中对"勤"的要求。

3.1.4 绩：工作好坏的集中体现

"绩"，指的是员工的工作业绩。员工工作业绩的高低，是员工工作能力的集中体现。员工在工作中的价值集中体现在员工所创造的工作业绩上。员工的工作业绩越高，则证明员工的工作能力越强，为企业所创造的价值就越大。中层管理者在对员工实行绩效管理时，主要考核的就是员工的工作业绩。进行绩效管理的最终诉求，也是通过提升每个员工的工作业绩，达到最终提升企业整体工作业绩的目的，从而为企业创造更多的效益。

员工的工作业绩体现在工作指标、工作效率、工作方法及工作效益四个方面。中层管理者在对员工的绩效进行考核时，要从绩效的四个表现方面综合考虑。在考核工作人员之"绩"的过程中，关键是考核其履行职责情况，完成工作任务情况，数量、质量、效益、成果的水平等情况。通过对员工的绩效进行合理考核，以最终达到提升中层管理水平与工作业绩的目的。

3.2
KSF全绩效：颠覆传统，打造全新的薪酬绩效模式

传统的绩效管理模式下，往往通过绩效考核，给员工增加压力，迫使员工不得不努力工作，但这种外在强加的压力并不能真正调动员工的积极性。而KSF薪酬全绩效模式则颠覆了传统，打造了全新的薪酬绩效管理模式。中层管理者可以运用KSF全绩效管理模式，真正调动员工的工作积极性，让员工自觉、自发地工作。

3.2.1 通过薪酬杠杆让员工为企业工作

KSF，又称为关键成功因子，指的是决定岗位价值的最有代表性和最具影响力的关键性指标。KSF的重要理念指出，决定一个岗位成就的只有少数的较为关键的因素，并且这些关键因素在一定程度上存在一定的规律，每一种因素都代表着一种特定的价值，与员工的薪酬水平、职位晋升等息息相关。这些关键因素可以成为绩效管理的核心目标。而在绩效管理中，如果能够将这些关键因素复制并扩散，则可以不断提升绩效。

而全绩效则包括全员绩效和全面绩效两个方面。全员绩效指的是只要

有价值的工作岗位都必须实行绩效管理；全面绩效指的是只要有价值的工作都必须实行绩效管理。通过实行全绩效，可以将有价值的工作岗位和具体工作绩效化，而对于那些价值较低甚至没有价值的工作岗位或者具体工作则可以采用激励方式。通过将绩效与薪酬全面融合，可以确保绩效管理的激励力度与驱动性。

KSF薪酬全绩效模式不但是给员工制订的一份加薪计划，而且是给企业制定的一套改善工作业绩的方案。KSF薪酬全绩效模式不只是给员工确定工作目标和工作任务，更强调给员工增加激励和动力。通过这样的方式，员工就不只是在为企业工作，更是为自己工作，员工的收入是通过自己的努力工作创造出来的，从而实现企业利益与员工个人利益的统一。

在绩效管理中，只有激发员工的工作积极性，让员工自觉、自发地努力工作，才能将他们的工作潜力最大限度地发挥出来。而KSF薪酬全绩效管理模式正是最富激励性的薪酬模式。KSF薪酬全绩效模式让企业与员工利益趋同，思想达到高度统一，可以让员工转变观念和行为方式，做到全心全意为企业工作；让中层管理者转变成为一个经营者，帮企业建立完善的利润管理机制，让企业实现快速利润增长及自主运行。

KSF薪酬全绩效管理模式对于提升企业的管理水平与工作绩效具有非常显著的作用。中层管理者要想通过薪酬杠杆让员工为自己工作，就要将KSF转化为实际工作中的需求，让企业与员工共同创造出可观的价值。中层管理者在将KSF进行转化时，需要做好以下六个方面（见图3-2）。

第3章 绩效管理模式：协助高层，实现企业绩效考核设置

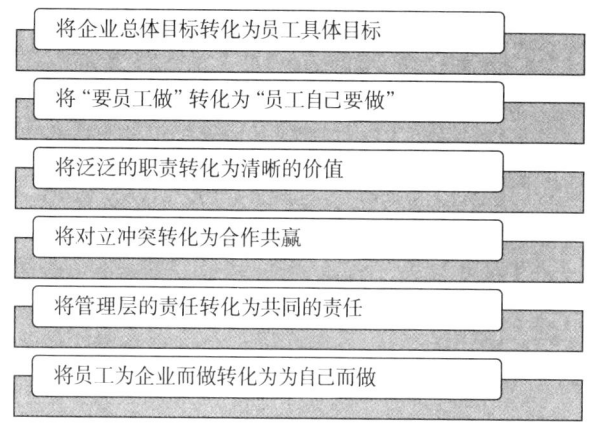

图3-2 如何实现通过薪酬杠杆让员工为自己工作

3.2.2 掌握KSF薪酬全绩效管理模式的具体操作步骤

KSF薪酬全绩效管理模式对于提升企业的中层管理水平和工作绩效具有非常重要的作用。并且，通过KSF全绩效管理模式还可以实现基于人本增值的加薪模式。通过提升员工的薪酬水平，也能够提升企业的业绩。

某营销部门经理为改善本部门业绩不理想的问题，在部门内部实行了KSF薪酬全绩效管理模式。之前，每个月要将营销成本控制在5万元，而业绩则要达到30万元才能保证利润。但是，通过KSF薪酬全绩效管理模式在部门内部不断进行优化，使得该部门的营销成本有效控制在了3万元左右，则业绩却能够达到40万元左右。除此之外，以往需要5个人才能完成的工作，现在通常只需要3个人便可以完成。通过这样的方式，该部门的成本降低了，业绩却有明显的提升，同时，员工的个人收入也在不断增加。

通过上述案例可以发现，在实行了KSF薪酬全绩效管理模式后，该营销部门的经营成本逐渐降低，而利润却在不断提高。并且，利润增加的同

时，员工个人的收入也在不断提高。由此可见，通过实行 KSF 薪酬全绩效管理模式，可以实现企业与员工的共赢。

KSF 薪酬全绩效管理模式在企业管理中具有非常显著的作用，它以价值和目标管理为核心，将具体的工作职责按照价值导向进行分割和定位，由此形成具体的绩效目标和绩效计划，并配有明确的薪酬和计分，作为员工的激励方向或评价标尺。通过这样的方式，让员工自发自觉地工作，使自身的能力得到最大限度的发挥。

在采用 KSF 薪酬全绩效管理模式时，需要掌握其具体的操作步骤（见图 3-3），以保证 KSF 实施效果。

图 3-3　KSF 薪酬全绩效管理模式的具体操作步骤

3.3
积分式管理：用"积分线"调动员工的能动性

积分式管理是指把积分制度用于对人的管理，以积分来衡量人的自我价值，反映和考核人的综合表现，然后再把各种物质待遇、福利与积分挂钩，并向高分人群倾斜，从而达到激励人的主观能动性，调动人的积极性的目的。简单来讲，积分式管理就是用积分的形式，对员工的能力和综合表现进行全方位的量化考核，并用相关的软件进行记录和永久保存。

3.3.1 抓住积分式管理精髓，实施积分式管理

积分式管理是一种卓有成效的绩效管理模式。中层管理者在绩效管理中需要抓住积分式管理的精髓，将积分式管理实施在自己的企业中。通常，中层管理者在实施积分式管理时，主要分以下三个步骤：

第一步，根据员工在工作中的综合表现，将不同员工的表现分类，并用一定的数字衡量，用相关的软件将其记录并永久保存。员工的不同行为可以划分为不同的积分，所确定的积分可以为之后的绩效管理提供重要的依据。

第二步，将积分与福利待遇挂钩。在绩效管理中，不可避免地要将员工的工作表现与其薪酬待遇相挂钩，只有这样，才能有效激发员工的工作积极性。所以，在进行积分式管理的过程中，一个重要的步骤就是将员工的积分分值与各种福利待遇，如薪酬、奖金、职位晋升、培训机会等巧妙挂钩，并且向分值高的员工倾斜。即员工的分值越高，所能享受的福利待遇越好。通过这样的方式，将员工的主观能动性充分调动起来。

第三步，根据员工的工作表现及其所确定的积分，企业可以对员工实行一定的奖惩。通过对员工实行奖惩，可以最大限度地激励员工，让员工自觉提高自己的工作水平。

在实行积分式管理的过程中，可以经常查阅员工的积分报表，从而了解每个员工的工作情况，掌握每个员工的工作动态，为员工的日常管理提供依据。

通过实行积分式管理，可以克服传统的绩效管理方法中的诸多弊端，帮助企业解决很多实质性问题。可以说是通过积分这条线，牵动员工的方方面面。总体来说，积分式管理的优势主要表现为以下三点（见图3-4）。

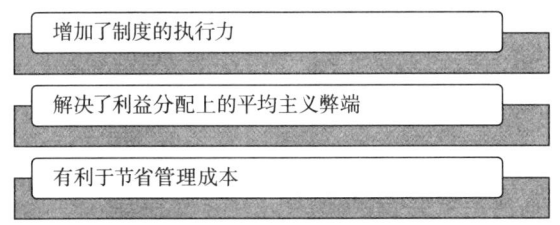

图3-4 积分式管理的优势

3.3.2 了解并避免积分式管理中存在的问题

F企业是位于上海市的一家知名企业。由于在管理中存在诸多问题，员工工作缺乏积极性，导致企业的业绩连年下滑。因此，F企业决定采用积分式管理的方式来提升员工的工作积极性。但是，公司的中层管理者并没有对积分式管理引起足够的重视。并且，随着时间的推移，相关的负责人对积分式管理中的各项活动也越来越"冷淡",最终使得积分式管理不了了之。F企业虽然实行了积分式管理方式,但是仍然没有取得理想的效果。

F企业的情况并不是个例,有很多企业虽然采用了积分式管理的绩效管理模式,但是由于一些原因导致最终的效果并不理想。总体来说,出现这种情况的原因主要有以下几点:

第一,管理层的不重视导致积分式管理虎头蛇尾。这是影响积分式管理效果的最主要原因。一些企业的中层管理者并没有对积分式管理引起应有的重视。即使最初制订了相应的实施计划,但是随着时间的推移,他们逐渐失去了对积分式管理的兴趣,所开展的各项活动都没有严格实施,最终影响了积分式管理的效果。

第二,员工没有积极参与到积分式管理过程中。积分式管理的成功实施,依赖于管理者与员工双方的相互协作。如果员工不积极配合管理者所发起的各项活动,积分式管理的作用自然无法发挥出来。而员工之所以不积极参与积分式管理的各项活动,通常有以下两种原因(见图3-5)。

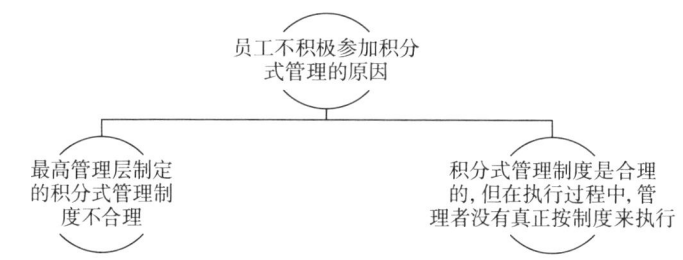

图3-5 员工不积极参与积分式管理的原因

如果企业所制定的积分式管理制度不合理,或者即使制定了合理的管理制度,但是在执行过程中却没有严格按照既定的计划进行,就无法得到员工的认同,员工自然不会积极参与到相关的活动中。

第三,管理制度一成不变。一些企业在实行积分式绩效管理模式时,虽然在最初制定了合适的制度,但是随着时间的推移及相关条件的变化,所制定的积分式管理制度却一成不变，导致相关的制度已经不再适用于企业管理，不但无法保证积分式管理制度的正常实行，也无法保证管理体制的公正和公平。当员工发现这些问题并产生怨言时，如果中层管理者没有及时做出相应的调整，时间一长，员工就会逐渐产生漠视甚至排斥的心理，最终导致积分式管理制度无法继续实行。

在实行积分式管理的过程中，要避免可能出现的问题，在找出问题根源之后，就要制定相应的改进措施，保证积分式管理的顺利实施。而在改进积分式管理制度的过程中，要重点做好以下三点（见图3-6）。

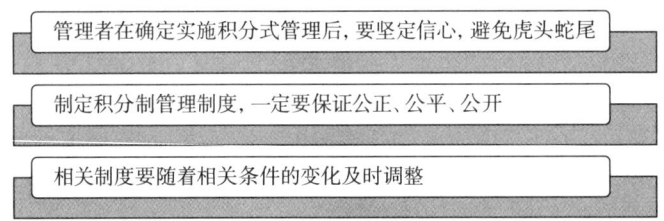

图3-6 如何改进积分式管理制度

在实施积分式管理制度时，要与时俱进，随着时间、地点、客观条件、人员变化等因素的改变而进行实时改进，以保证管理制度处于最新、最佳、最良好的状态。

3.4
K目标计划：高效的目标管理是绩效管理的关键

K目标计划，是一种高效的绩效管理模式。K目标计划中的K，指的是KPI或者KSF，而K目标计划指的则是在实行绩效管理时，要设定合适的KPI或者KSF，并且通过设计一系列计划实现所制定的KPI或者KSF。通过实施K目标计划，可以对企业进行高效的目标管理，通过制定适合企业发展的K目标，从而实现通过绩效管理提升企业的管理水平与工作绩效的目的。中层管理者在实行K目标计划时，要严格按照相关要求进行。

3.4.1 了解并掌握K目标计划的核心

中层管理者在实行K目标计划时，要做到对其有一个深入的了解，掌握K目标计划的关键内容。只有对K目标计划有一个清晰的了解后，中层管理者才能更好地实施，让其在企业的绩效管理中发挥应有的作用。

中层管理者在了解K目标计划时，要了解其与传统的工作计划管理的差别。通过对两者的比较，对K目标计划形成一个深入的了解。

通常，传统的工作计划管理模式下工作计划的产生主要依据以下五项内容（见图3-7）。

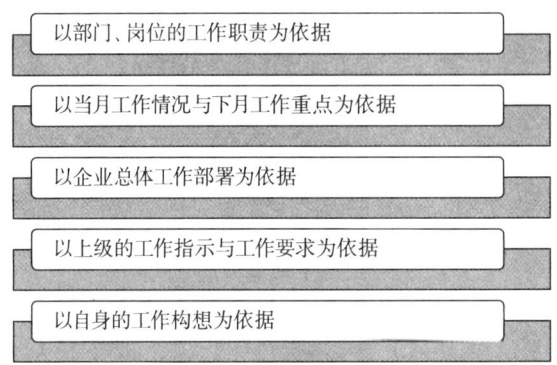

图3-7 传统的工作计划管理模式下工作计划的产生依据

G企业是一家位于上海的企业，以下为G企业中一位营运经理的月度工作计划表（见表3-1）。

表3-1 G企业中一位营运经理的月度工作计划

工作项目		重点工作内容	工作目标	直接责任人	协助人或部门	工作计划完成时间
指令计划与工作	1	到上海研究上海区域操作流程	操作严格按照相关规范进行	张琳	总公司	5~15日
	2	到上海研究上海区域操作成本标准	为之后建立各单位平均操作成本做准备	张琳	总公司	5~15日
	3	跟踪作业标准和管理标准落实情况	检查是否按照要求限期整改管理与操作中的不足	张琳	总公司	5~15日
	4	强化日清管理	监督执行情况，要求进行有效管理并及时解决问题	张琳、周林	总公司	30日
	5	营运资源共享平台的更新与完善	提供共享资源与信息，做到各分公司有效沟通	张琳、周林	总公司、IT部门	30日
	6	对成都、苏州进行现场检查	现场纠正并解决营运操作问题，检查1次，提高1次	张琳	各分公司	20~30日
	7	提报质量事故月报，并召开事故分析例会	让各个部门了解全公司当月的质量情况，分析问题关键点，并共同找出解决方法	张琳、周林	各分公司	30日
	8	组织营运例会	及时汇报工作情况，沟通工作信息，及时解决各分公司存在的问题	张琳、周林	各分公司	30日

总体来说，传统模式下所制订的工作计划表与 K 目标计划下所制订的工作计划表存在本质的差别。传统模式下的工作计划表强调有计划地工作、各个岗位履行工作职责，而 K 目标计划中的工作计划则强调为目标、结果而做。K 目标计划中非常重视对工作过程的检查。通过检查工作过程，保证工作计划的顺利实施。而工作计划的顺利实施，则对于工作目标的达成及相关的利益分配具有直接的影响。相反，传统模式下的工作计划并没有对工作过程的检查引起足够的重视。除此之外，不同于传统模式下的偏重任务性、流程性的工作安排，K 目标计划更加注重工作目标实现的过程。

3.4.2 依据企业发展要求制订并实施 K 目标计划

中层管理者在制订 K 目标计划时，为了保证所制定的目标计划的合理性与完整性，要充分考虑以下因素：

第一，人，即具体工作由谁来完成。在确定完成工作的具体人员时，需要考虑到具体工作的责任人、支持人、协助人以及负责检视的人员等，根据实际情况确定相关的工作人员。

第二，确定工作的时间。工作时间主要指的是相关的工作进度管理。根据工作进度，可以在工作计划中将时间划分为月、周、日等。中层管理者在确定具体的工作时间时，要综合分析实际工作情况，合理分配工作时间。

第三，工作目标与工作标准。在确定工作目标与工作标准时，要根据实际工作需要，制定具体的要求，并且要确定具体的工作结果。只有事先确定了工作结果，才会给具体的工作提供规范和要求，从而保证最终的工作效果。

第四，工作预算。工作预算中主要包括完成一项工作所需要的资金、资源、物料、材料及设备等。通过合理预估完成工作所需要的各方面资源，来保证工作计划的顺利实施。

第五，工作过程检视。主要包括工作过程与工作细节的管理。通过管理工作过程与工作细节，规范员工的工作行为，及时发现并解决工作过程中出现的问题，保证最终的工作效果。

第六，工作结果与总结。主要指的是对阶段性的工作结果进行小结或者预报，以及对最终工作结果进行总结。

除了要充分考虑相关因素，为了保证所制订的 K 目标计划的合理性，实现高效的目标管理，中层管理者应该将文化、检视、计划和鼓励等要素加入到 K 目标计划中，来保证 K 目标计划的合理性，以及在提升企业的管理水平和绩效水平方面的作用。

中层管理者在设置 K 目标计划时，需要按照以下步骤进行（见图 3-8）。

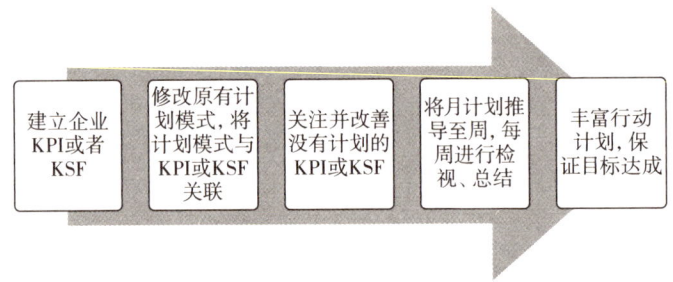

图 3-8　设置 K 目标计划的关键步骤

3.5 卓越绩效模式：全面质量管理标准化，创造卓越的经营绩效

卓越绩效模式以顾客为导向，追求卓越绩效管理理念。在卓越绩效管理模式中，包括领导、战略、顾客和市场、测量分析改进、人力资源、过程管理、经营结果七个方面的内容。企业通过实行卓越绩效管理模式，可以实现与世界一流的管理模式迅速接轨，借鉴它们的成功经验。并且，企业通过实施卓越绩效管理模式，可建立完善的杠杆管理体系，提升企业的综合竞争力。卓越绩效管理模式对于优化企业内部的管理流程、提升管理效率及完善绩效评价具有重要意义。

3.5.1 掌握卓越绩效管理的核心价值观

卓越绩效管理模式对于提升企业的管理效率、完善绩效评价具有重要作用。在实施卓越绩效管理模式前，要对其形成一个清晰的认识，掌握其核心价值观，与企业自身的绩效管理要求相融合，让卓越绩效管理模式为企业的管理与绩效的提升发挥作用。

第一，追求卓越管理。领导力对于一个团队的成功至关重要。卓越绩

效管理模式强调领导力对于企业成功的关键作用。所以，在实行卓越绩效管理模式时，应发挥企业中层管理者的高屋建瓴的作用。中层管理者应确保建立组织追求卓越的战略、管理系统、方法和激励机制，通过治理机构对企业的道德行为、绩效和所有利益的相关方负责，并以自己的道德行为、领导力、进取精神发挥表率作用，以有力地强化企业的文化、价值观和目标意识，带领员工实现企业的总目标。

第二，顾客导向的卓越。在卓越绩效管理模式中，强调企业要树立以顾客为导向的经营理念，认识到质量和绩效的主要评价者和决定者应该是顾客。所以，在经营管理中，中层管理者需要考虑的主要问题是如何通过产品和提供的服务为顾客创造出更大的价值，以提升顾客的满意度与忠诚度，从而达到提升企业绩效的目的。

在实行卓越绩效管理模式时，为了将以顾客为导向发挥到最大限度，中层管理者不仅要关注现有顾客的需求，还应注重顾客的未来期望及潜在顾客的需求。企业要根据顾客需求的变化，及时调整经营策略。

第三，关注结果和创造价值。卓越绩效管理模式强调企业的绩效评价应该体现出结果导向，关注关键的结果。其中，关注关键结果主要包括以下六个方面的内容（见图3-9）。

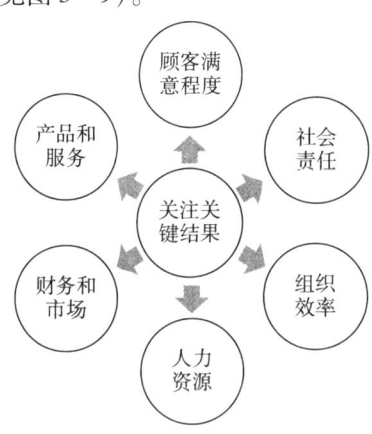

图3-9 关注关键结果的主要内容

这些结果能为企业关键利益相关方——顾客、员工、股东、供应商和合作伙伴、公众及社会创造价值和平衡相互间的利益，从而有效提升顾客忠诚度，实现企业绩效的增长。所以，在实施卓越绩效管理模式时，要处理好相关利益方的价值问题，通过平衡企业的长期与短期利益，来实现绩效的增长。

3.5.2 依据评价准则和评价要点进行绩效评价

卓越绩效管理模式利用其独特的绩效评价准则和评价要点，来提升绩效评价的效果。

卓越绩效评价准则主要包括卓越绩效评价标准适用的范围、相关规范性引用文件、术语定义、评价要求、战略规划、顾客与市场、配置资源、过程管理、测量分析与改进及经营结果等方面的内容。

中层管理者在运用卓越绩效管理模式时，要遵循其评价的过程，保证评价的效果。卓越绩效评价过程主要包括以下步骤：

第一步，了解组织。负责绩效评价的人员在进行绩效评价时，要对企业的基本情况进行一定的了解。负责评价的人员可以通过撰写或者阅读企业相关资料，对影响企业的关键因素和企业面临的挑战进行了解和掌握，主要包括以下四个方面的内容（见图3-10）。

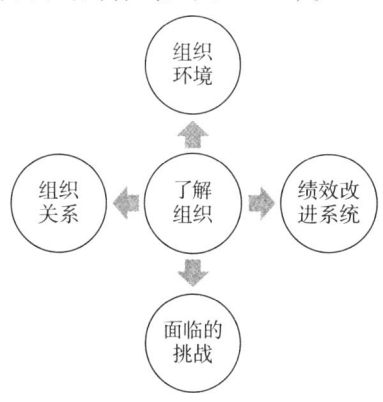

图3-10　需要了解和掌握的企业的关键因素

第二步，逐项的定性评价。在对企业的基本情况形成一个基本认识后，就要根据相关的评价准则、评价要点及评价指南，对具体的评价项目的要求进行逐项评价，逐项写下定性的评语。在评语中，具体应该包括基于评价准则所观察到的企业的具体情况、相关的典型案例及所产生的实际结果。

第三步，逐项的定量评价。在对员工的工作进行分数评定的过程中，负责评价的人员应该遵守相关的原则。首先，评价的工作内容应该全面，对于重要的方面要重点评价。其次，在对一个具体的评价项目进行评分时，要判定哪个分数范围总体上"最适合"员工在本评分项上达到的水平。最后，根据所达到的水平对相关要素进行分析，在适合的范围内，实际分数根据员工水平与评分要求相近的程度判定。"过程"评分项分数占50%，"结果"评分项分数占50%。当由若干评价人员进行合议评价时，按照如下合议原则：评分极差，小于等于15%时，使用中间分；评分极差，为20%或25%时，通过讨论决定或使用中间分；评分极差，大于等于30%时，必须讨论决定。

第四步，综合评价。在撰写综合评价报告时，要以相关的评语为依据，其主要内容为在工作中展现出的优势及出色的工作成绩，并要说明存在的问题与差距等。

第4章

绩效考核实施：

把控考核过程，做下属工作的记录者

确定了绩效管理模式及计划之后，接下来就进入实施阶段。绩效考核的实施阶段是一个从理论到实践的过程，只有将计划应用于实际，才能检验所制定的绩效管理方案能否真正落地。在执行过程中要做到条理清晰、有序可循，确保绩效考核的最终实施效果。

4.1 人人有标准,事事有流程

绩效考核实施的过程,就是一个将计划应用于管理的过程。在这一过程中,要做到人人有标准,事事有流程。只有这样,才能保证部门各项考核工作的顺利实施。在实施过程中,对人,如果缺少一定的标准,那么员工的工作行为也会缺少相应的行为规范,造成绩效行为的不统一,考核结果自然也就不甚理想;对事,如果没有具体的实施流程,依靠个人喜好和"拍脑门"决定,那么绩效考核也就形同虚设。所以,部门绩效考核一定要按照具体的标准和流程来实施。

4.1.1 遵循流程实施绩效考核

典型的绩效考核实施流程图见图4-1。

在实施绩效考核时,为了保证实施过程的有序性,可以参考图4-1的相关流程来推进,并确保每一个环节都遵循具体的方式执行,只有这样才能保证绩效考核的顺利实施与最终效果。

绩效考核实施流程详解:

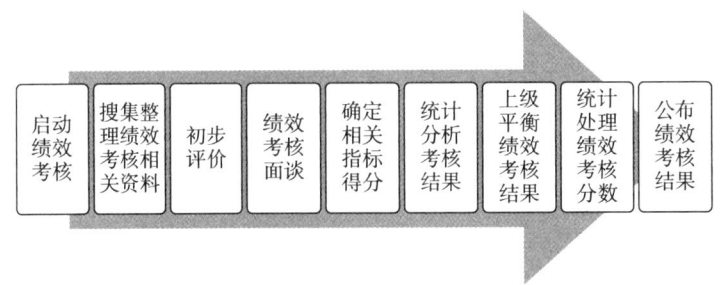

图4-1 典型的绩效考核实施流程

第一步，启动考核。

召开部门绩效考核会议，要求所有相关人员都参加，并向到会人员发放绩效考核表，说明绩效考核实施中的注意事项，最后宣布绩效考核正式启动。

第二步，搜集整理绩效考核相关资料。

每个部门要全面收集本部门的相关资料。如果涉及其他部门的考核数据，一定要做到全面、公正。而如果涉及自己部门的考核数据，则一定要做到客观，同时提供相关的证明材料。各相关数据资料要及时提交人力资源部，人力资源部汇总各方面的资料并将相关绩效计划上交各相关绩效考核者。

第三步，初步评价。

在这一过程中，为了保证评价结果的准确性与合理性，负责考核的人员要学习并掌握相关的绩效考核工具和技巧。主要包括以下三个表单（见图4-2）。

第四步，绩效考核面谈。

经过上一环节的初步评价后，考核者会根据被考核者的绩效成绩打分。打分之后，考核者要与相关的被考核者进行面谈，告知其考核成绩。如果被考核者对考核结果有异议，双方可对此进行沟通，最终达成一致的意见。但需注意，绩效考核面谈并不是一个讨价还价的过程，如果考核者

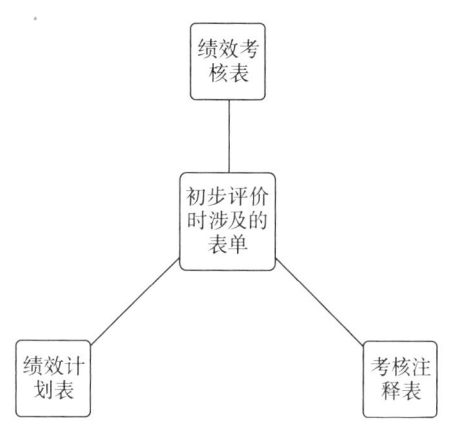

图4-2 初步评价时涉及的表单

确定最终的考核结果是公正且合理的,即使被考核者还是"抵赖",考核者也仍然可以将其确定为最终考核结果。

第五步,确定相关指标得分。

在经过绩效考核面谈之后,考核者就可以确定被考核者的最终得分。如果考核者与被考核者针对相关指标的得分仍然存在重大分歧,考核者可视情况而定,考虑是否向上一级请示处理结果,当然也可以自己决定评价结果。只要确保考核结果的公正、公平,被考核者一时的不理解不会影响绩效管理的最终成效。

第六步,统计分析考核结果。

当考核结束后,各部门管理者要完整统计本部门员工的考核结果,并进行综合分析。根据员工的考核结果,找出他们在工作中的优势与不足,作为之后工作调整的依据。

第七步,上级平衡绩效考核结果。

这一过程实际上就是,如果上级领导在考核结果中发现分数过高或者过低的现象,为了保证考核结果的公平性,要与相关的考核者进行沟通。如果打分有误,则要及时进行调整。但是,上级领导在这一过程中不能修改绩效考核结果的原始数据。

第八步，统计处理绩效考核分数并公布结果。

当各部门的管理者确认了自己部门的考核结果后，要将最终的考核结果在本部门内部进行公示。如果员工对绩效考核结果存在异议，则可以进行绩效申诉。

4.1.2 遵循绩效考核实施原则，保证绩效考核实施

绩效考核的实施需要遵循一定的流程。同时，为保证绩效考核实施的效果，避免在绩效考核实施的过程中出现不必要的问题，影响绩效考核的最终效果，绩效考核时还需要遵循一定的实施原则。

通常，绩效考核的实施原则主要有以下四项（见图4-3）。

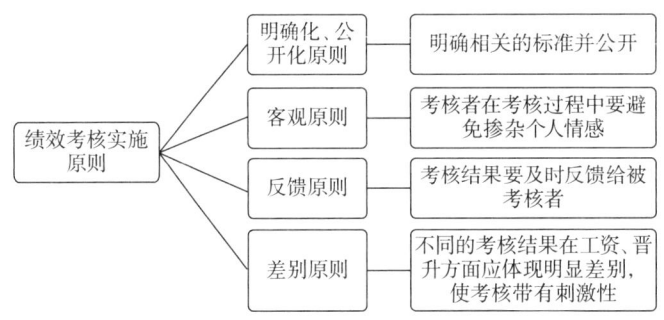

图4-3 绩效考核实施原则

中层管理者在实施绩效考核时，要严格按照绩效考核的相关原则实施，避免在绩效考核过程中出现一些不必要的问题。

4.2 PDCA 循环绩效考核实施

绩效管理并不是一个单向的过程,而是一个循环的过程。为了保证绩效管理可以持续作用于部门员工管理,需要持续不断地进行绩效管理。而绩效考核的实施过程,同样是一个循环的过程。实施绩效考核的最终目的是找出员工在工作中存在的问题并改正,以提升部门的整体工作效率。只有将绩效考核进行周期性循环实施,才能在每一次的实施过程中发现不同的问题,进而不断地完善工作行为,提升部门整体工作效率。所以,作为一名中层管理者,可以利用 PDCA 循环来实施绩效考核。

PDCA 循环又被称为戴明环,由美国质量管理专家戴明博士提出。PDCA 循环是一个循环的过程,有着固定的循环方式(见图 4-4)。

PDCA 循环适用于很多企业管理的工作场景,对于提升工作质量具有非常显著的作用。PDCA 循环同样适用于绩效考核实施,将绩效考核实施过程套用到 PDCA 循环当中,能够让绩效考核的实施过程成为一个循环的过程。在不断地制订计划、发现问题、解决问题的过程中,提升企业绩效。

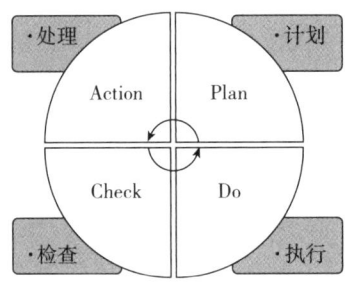

图 4-4 PDCA 循环

4.2.1 Plan：确定绩效考核目标

在 PDCA 循环中，Plan 主要指方针和目标的确定以及活动计划的制订。放置在绩效考核的实施中，就可以看作是绩效考核目标的制定阶段。在这一阶段，制定明确的绩效考核目标，才能够开始 PDCA 循环中的下一个环节。

中层管理者在设置本部门的绩效考核目标时，可以从关键绩效考核指标入手，采用平衡记分卡四方位模式，制定全面、明确的绩效考核目标。制定绩效考核目标时，要从以下四个方面进行设置：

第一，财务方面。任何工作的最终目标都是为了创造效益。所以，在设置绩效考核目标时，财务方面的目标是首先要设置的。通常，财务方面的目标主要可以从以下三个方面衡量（见图 4-5）。

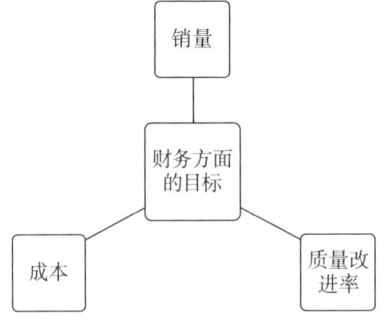

图 4-5 财务方面的目标

第二，客户方面。客户方面的目标所涉及的要素主要包括产品的销售情况、对客户的服务以及客户的满意程度等。

第三，内部流程方面。这一方面的绩效考核目标主要指工作中是否按照相关的流程工作。

第四，员工的学习与成长方面。这一方面主要指员工通过绩效考核，工作能力是否有所提升，以及中层管理者对员工的学习与成长都做了哪些具体的工作。这一方面所涉及的绩效考核目标主要有以下三种（见图4-6）。

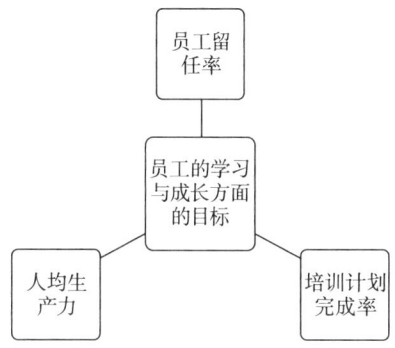

图4-6 员工的学习与成长方面的目标

4.2.2 DO：实施绩效考核目标

当设置了明确的绩效考核目标之后，就要进入PDCA循环的下一个阶段——DO，实施绩效考核目标。只有将绩效考核目标真正落地实施，才能发挥出其应有的作用。

在具体的落地实施阶段，为了提升实施的效果，我们要将绩效考核目标分解为若干个小目标，明确部门内部每一个员工的工作目标。因为只有目标明确，工作时才会更加具有针对性。此外，为了保证绩效考核的最终实施效果，过程中我们可以想办法激发员工的工作积极性与责任意识，同时加强与部门员工之间的沟通，及时发现并解决实施过程中出现的问题。

绩效考核目标在实施过程中若遇到偏差，作为一名中层管理者，要具备及时发现问题并解决问题的能力，适时地调整实施方案，以保证目标的顺利完成。所以，我们要做部门绩效改善和提高的推动者，而不仅只是作为员工工作能力和工作态度的评定者以及绩效考核的旁观者。

4.2.3　Check：检查、反馈绩效考核结果

在经历了绩效考核目标的实施阶段之后，根据 PDCA 循环，接下来就是绩效考核的检查、反馈阶段。在这一阶段，要对员工在上一阶段所表现出的绩效行为进行总结，检查绩效考核结果中所反映的问题，并对员工做出反馈。

在绩效考核的检查、反馈阶段，首先要确定员工之前所做的工作是否有效，找出造成其工作行为有效或者无效的原因是什么，然后对其工作行为进行评估，发现优点并指出其在工作中暴露出的问题，且及时予以反馈，帮助其调整自己的工作行为。

除此之外，我们还应该考虑提升绩效的具体方法，针对考核结果所表现出的问题，制定相应的解决方法，才能在之后的绩效管理过程中有所改进和提升。因此，检查反馈阶段是绩效考核实施的关键阶段，只有做好检查反馈，并针对问题制定出相应的方法，才能真正提升绩效。

4.2.4　Action：考核评估后的优化阶段

在做好绩效考核与评估后，还应做好后续的优化阶段。这一阶段主要是针对绩效考核中所发现的问题进行改正，并将绩效考核结果应用在合适的地方。

例如，当通过绩效考核发现了员工在工作中存在的问题之后，中层管理者就要帮助员工解决问题，找出相应的解决方法，提升工作能力；将本次绩效考核的结果应用于员工在部门内部的晋升、工资、奖金分配等人力资源管理活动中；根据绩效考核结果，让员工认识到自己的不足之处，从而在之后的工作中摆正自己的位置，帮助其了解自己，也为员工在制定自

己的职业规划时提供明确的依据。

在完成了整个 PDCA 循环之后,就要开始进入新的 PDCA 循环之中,制定新的绩效考核目标。如此反复,就能在不断发现问题、解决问题的过程中提升工作能力,提升本部门的绩效。

4.3 选对考核方法,做对绩效管理

所谓绩效考核方法,是对员工在工作过程中表现出来的工作业绩、工作能力、工作态度以及个人品德等进行评价,并用于判断员工与职位要求是否相符的方法。在做绩效考核时,要根据企业的实际情况选择合适的考核方法,这也是保证绩效管理顺利实施的关键。常用的绩效考核方法主要有以下几种,大家可根据自身企业的实际情况,选择合适的考核方法。

4.3.1 相对评价法

相对评价法指的是在部门中寻找一个基准,将部门的每个员工与所制定的基准(基准就是用来确定生产对象上几何关系所依据的点、线或面)进行比较,从而评价出每个员工在部门中的相对位置的评价方法。这一方法其实是利用标准分数对考察对象进行评价,从而对其进行定位,是一种相对评价。相对评价法具有以下优点(见图4-7)。

在使用相对评价法时,所制定的基准是一个关键因素。通常,每个基准可以完全适用于所属部门,但却不一定适用于另一个部门。所以在使用

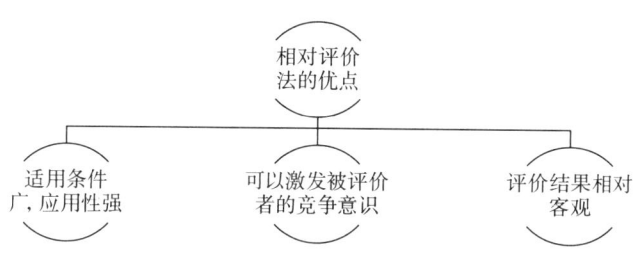

图4-7 相对评价法的优点

相对评价法时,关键要先制定好一个基准,才能保证评价结果的合理性和客观性。

相对评价法主要包含以下三种具体方法:

第一种,序列比较法。

序列比较法指的是按照员工个人工作成绩的好坏进行排序考核的一种方法。使用序列比较法进行考核时,不需要事先确定员工需要达到的工作标准,只需要确定相应的考核模块,然后将职务相同的员工放在同一考核模块中进行比较,根据他们的实际工作情况进行排序,按照工作情况的好坏从前至后进行排序。最后,将每位员工几个模块的排序数字相加,所加之和就是该员工的考核结果。按照排序的方法,员工排序的总数越小,则代表其在本次考核中的成绩越好。

第二种,相对比较法。

与序列比较法将所有员工放在一起考核的方式不同,相对比较法侧重于将员工进行两两比较,任何员工都要进行一次两两对比。当两名员工比较之后,相对较好的员工记"1",相对较差的员工记"0",所得分值不断累加。当所有员工都互相比较完毕后,计算每个员工的分数之和,个人总分越高,则证明其考核成绩越好。

第三种,强制比例法。

强制比例法是指根据被考核者的业绩,将被考核者按一定的比例分为几类(最好、较好、中等、较差、最差)进行考核的方法。

4.3.2 目标绩效考核法

目标绩效考核是将部门的总体绩效目标从上至下进行分解与落实执行的过程，与之相对应，绩效考核也应该服从总目标和分目标的完成。所以，在实行目标绩效考核法时，中层管理者也应该以部门对于企业整体的工作进行支持，以及员工对于本部门的工作进行支持为出发点。并且，中层管理者应对下属的绩效考核负责，确保下属在绩效考核的过程中不能推卸责任。

在实行绩效目标考核法时，要遵循以下流程：

第一，确定部门的绩效目标以及每个员工的具体工作目标。工作目标的确定是绩效目标考核法的关键，只有确定好部门业绩目标与每个员工的工作目标，员工在工作中才会有明确的努力方向，从而更加坚定自己的工作行为。在制定工作目标的这一过程中，需要注意的是，无论是部门的绩效目标，还是每个员工的绩效目标，都应该是明确的、具体的、可以衡量的。

第二，制订工作计划和业绩评价标准。在确定了绩效目标之后，就要制订能够达到绩效目标的具体计划，并且在实际工作中严格按照计划执行。除此之外，还要制定相应的业绩评价标准，保证在实施工作计划时，可以对计划的具体实施情况作出必要且有效的评价。

第三，业绩评价。指在目标管理的过程中，对照设定的目标和业绩评价标准，对员工完成目标的情况作出客观公正的评价。这类业绩评价一般在目标管理过程中开始，在员工期末评价中正式完成。

第四，检查调整。通过业绩评价，助力员工了解自己实际工作业绩与预定目标之间的距离后，接下来就是分析造成差距的原因，并通过调整工作方法等途径，不断缩小乃至消除差距，努力达到自己的目标。

4.3.3 简单排序法

简单排序法也称序列法或序列评定法,指的是将一批绩效考核对象按照一定的标准排出"1,2,3,4,…"的顺序。简单排序法非常简便易行,且具有一定的可信性,可以有效避免绩效考核中的趋中倾向或者宽严误差。但是,简单排序法也存在一定的缺点,就是对考核的人数会有一定的限制,一般以5~15人为宜。并且,只适用于考核同类职务的人员,其应用范围有一定的限制。

中层管理者在实行简单排序法时,为了保证简单排序法的实施效果,需要遵循一定的实施流程(见图4-8)。

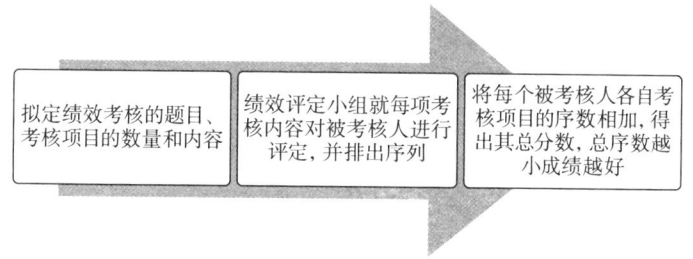

图4-8 简单排序法的实施流程

4.4 定计划、盯标准、做考核，绩效考核三步到位

绩效考核是一个连续、系统的工作。在实施绩效考核时，要按照一定的步骤，才能保证绩效考核实施的有效性。如果在实施绩效考核时，没有一定的章法，而是随随便便实施，那么，在实际的绩效考核过程中，势必会出现一系列的问题，最终影响绩效考核的效果。所以，在实施绩效考核的过程中，要明确相关步骤，并在实际推行中严格按照步骤进行。总体来说，实施绩效考核的步骤共分为三步：定计划、盯标准、做考核。在实施绩效考核时，我们只需按照以上三步进行即可。

4.4.1 定计划，为考核提供依据

一套系统、完善的绩效考核计划是绩效考核顺利实施的保障。如果没有一套系统、完善的绩效考核计划，在实际考核时就会缺少具体的行动依据，所进行的每项活动就无法可依，绩效考核实施自然也没有秩序，最终导致绩效考核实施不顺利，无法达到预期效果。

某互联网公司的一名中层管理者为加强对本部门员工的管理，在部门内部实行了绩效管理制度。但是，该中层管理者在实施绩效考核制度时，事先并没有制订明确的绩效考核计划，而这也是导致其绩效考核效果没有达到预期目标的根本原因。

在实际的绩效考核过程中，由于没有制订明确的绩效考核计划，导致出现任何问题时都没有参考依据。例如，当下属在工作中出现问题时，由于没有明确的绩效考核计划做参考，中层管理者只能按照自己的想法对该员工做出处罚。这样的情况，不可避免地会让员工产生处理结果不公平的想法。最终，绩效考核制度在员工心目中逐渐失去了威信，考核结果自然不理想。

从上述案例中可以看出，制订计划对于绩效考核的顺利实施具有重要作用，可以为绩效考核的实施提供依据。所以，中层管理者在实施绩效考核之前，一定要制订一套系统、完善的绩效考核计划，保证绩效考核能够顺利实施。

4.4.2 盯标准，一经形成不可随意更改

在实施绩效考核时，会有一系列规定标准，对绩效考核实施过程中的各种行为作出约束与规范。如果在实施的过程中没有相应且具体的标准，缺少对实施行为的约束，则绩效考核结果的公平与公正就得不到保证。而且，在绩效考核的实施过程中，标准一旦制定，就绝对不能随意更改，也不能临时调整。否则，标准的权威性将无从谈起，员工也不会认真遵守，最终严重影响绩效考核的效果。

珍妮是一家外资企业的销售部主管，公司事先制定了非常明确的绩效考核标准。作为销售部主管，珍妮负责销售部内部的绩效考核工作。但在一次实际的绩效考核中，却因为珍妮没有盯紧既定的考核标准，导致绩效

考核的效果大打折扣。根据预先制定的绩效考核标准，规定员工的月销售额必须要达到 3 万元以上。但销售部的一个员工因为个人原因连续请了 5 天的假，导致该员工当月销售额没有达成，只完成了 2 万元。

按照既定的标准，这名员工没有完成既定的销售额，就要受到相关的处罚。但是，珍妮却觉得这名员工没有完成工作业绩情有可原，所以自作主张修改了考核标准，将之前规定的 3 万元改为了 2 万元。珍妮这样随意修改考核标准的做法，虽然使这名员工达到了考核标准，可以免除处罚，但却引起了其他员工的不满。其他员工认为，自己辛辛苦苦一个月，就是为了完成既定的 3 万元的销售额，但主管却随便修改了考核标准，那么自己的努力都白费了。

珍妮的做法之所以会引起员工的不满，就是因为其随意修改绩效考核的标准，引发员工心理上的不平衡，绩效考核标准的权威性在员工的心目中受到了质疑。这样的绩效考核不仅没有激发员工的斗志，反而降低了员工的工作积极性。为了避免发生类似的情况，在实施绩效考核的过程中，我们要紧盯标准，不可随意更改。

4.4.3 做考核，要循序渐进

绩效考核的实施是一个循序渐进的过程，要想做好绩效考核，就要将绩效考核与每一天的工作结果相结合，既要认真考核，也要做到逐天考核，避免想要"一口吃成个胖子"的想法。因为在实际工作中，有的工作可能在当天就完成了，有的可能需要一周才能完成，也有的工作甚至需要一个月或者几个月才能完成。这样做，最终只会削弱绩效考核的效果。所以，在实施绩效考核时，一定要用心做考核，循序渐进，必须等所要做的工作完成之后，再进行考核，不能只是一味地想当然、估大概，只有一步一个脚印，才能将绩效考核做好、做实。

4.5 搜集考核数据,为绩效考评做准备

在现代企业管理中,绩效管理已经成为了一种非常重要的管理方式,许多中层管理者为了实行绩效管理挖空心思。但是,即使在事前做了万全的准备,在实际的考评阶段,仍然会出现一系列问题。例如,到了月底,绩效考核的分数却打不出来,即使打出了分数,结果却与实际情况相差十万八千里;有的人明明在工作中出现了很多错误,但是最终的考核分数却很高;有的人在工作中表现良好,考核分数却平平无奇。

之所以会出现上述问题,最根本的原因就是考核数据不准确。只有依靠准确的考核数据,才能保证绩效考核结果的准确性。所以,我们在部门绩效管理中的一个重要工作就是要做好考核数据的搜集,为绩效考评做准备。

4.5.1 依据"两个明确"做好数据搜集工作的事前准备

相关的调查研究表明,中层管理者之所以做不好数据搜集工作,主要是因为各个岗位之间的职能划分不清楚。在搜集考核数据时,缺乏对数据

搜集工作的安排与协调,从而导致组织中存在模糊地带,各个岗位的责权不明确,数据搜集的组织协调工作就会缺乏系统性。所以,为了解决这样的问题,保证所搜集的数据的准确性,就要依据"两个明确"做好数据搜集工作的事前准备。

第一,明确数据类型。由于各个工作岗位的具体工作职责不同,在绩效考核过程中所产生的数据就会有所不同,各项数据所代表的意义也各有不同。要想保证所搜集的数据的准确性,首先就要明确绩效考核中各种数据的类型。

在这一过程中,中层管理者需要明确各种数据的来源。通常,根据来源不同,考核数据可以分为以下四种(见图4-9)。

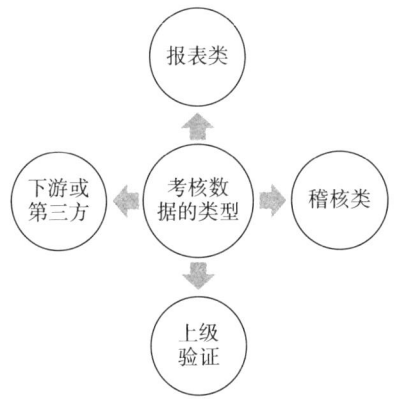

图4-9 考核数据的类型

第二,明确数据的提供岗位。明确提供数据的工作岗位至关重要。当明确了提供数据的工作岗位之后,就可以有针对性地分析数据。当明确了数据来源和数据提供岗位,谁来填报表、谁来为下级记录、谁来为其他岗位记录、记录哪些数据、怎么记录,都需要中层管理者进行统一规划和协调。在统一协调下,数据记录就会更加清晰、有条理。

4.5.2 利用"定性＋定量＋关键事件考核"的方式搜集数据

现今，常用的数据搜集方式主要为"定性＋定量＋关键事件考核"的方式。定性评价指的是不采用数学的方法，而是根据评价者对评价对象日常的表现和状态或文献资料的观察和分析，直接对评价对象作出定性结论的价值判断；定量评价主要指的是采用数学的方法，搜集和处理数据资料，对评价对象作出定量结果的价值判断；而关键事件法指的是确定关键的工作任务以获得工作上的成功，关键事件是使工作成功或失败的行为特征或事件。关键事件法要求分析人员、管理人员、本岗位人员将工作过程中的"关键事件"详细地加以记录，并在大量搜集信息后，对岗位的特征和要求进行分析研究。

在使用"定性＋定量＋关键事件考核"时，为了保证考核数据的合理性，可以以第三方提供的数据为主，被考核者本人提供由第三方核审的方式为辅，而不是部门本身或者是上游部门。不同的企业其考核的数据来源计划会有所不同，而由第三方提供的数据一般情况下必须要做到数据固定化、系统化。

而关键事件考核法中，所选择的关键事件一定要有非常清晰的时间节点以及结果呈现。如果某一事件的过程过于复杂，时间节点无法理清，那么这件事情就无法作为关键事件，更加无法进行考核。

在搜集考核数据时，还要注意考核数据的准确性。通过控制所选择的关键事件产生的各项数据的准确性，保证所搜集到的数据准确无误。只有搜集到的数据准确无误，才能保证之后以此数据为依据所得出的考核结果的准确性。

为保证所搜集的数据的准确性，要遵循以下三个原则（见图4-10）。

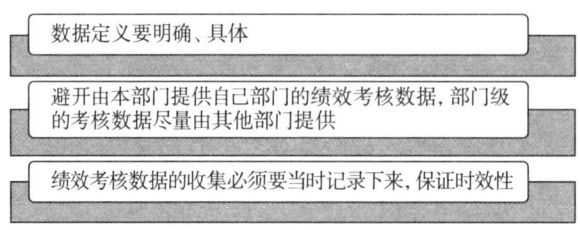

图 4-10　如何保证所搜集数据的准确性

4.5.3　控制好数据搜集的过程

要保证所搜集到数据的准确性,中层管理者还要做好数据搜集的过程控制。要做好数据搜集,需要做好以下两个方面的工作:

第一,过程数据提报。所谓过程数据提报,指的是将可以每周提报的数据提交周报表和周数据。过程数据提报能够将考核数据控制在我们的可控范围之内,一是能够及时发现是否有岗位存在不知道怎么填报或不知道该填报什么的问题,二是通过对过程数据的分析能够及时发现员工工作中的一些问题。

第二,做好过程稽核。在绩效考核中,如果绩效数据不能很好地契合实际,就会导致绩效考核流于形式,形同虚设,成了大家所认为的"摆设"。所以,在搜集数据的过程中,部门内部要加强过程稽核,针对数据填报的原始数据进行稽核验证,保证报表及数据背后来源的支撑性和可验证性。只有做好过程稽核,把握好过程中的每一个环节,才能保证最终的结果不出错。

4.6 监督考核过程,有监督才有考核

监督对于确保一件事情按照正常的计划实行具有重要作用。绩效考核过程也离不开监督,如果缺少监督,就会给心怀不轨之人创造机会,滋生不法行为,最终对绩效考核的效果产生负面影响。

4.6.1 没有监督就没有考核

琳达是一家外企中层管理人员,在公司实行绩效管理的过程中,琳达与公司中的其他中层管理人员共同商议、探讨,设置出了一套非常完善的绩效管理体系,但是唯独没有设置对绩效考核过程的监督制度。也正是因为绩效考核缺少一定的监督,才最终影响了绩效考核结果的公平性。

以公司中的生产部门为例。参照企业总体的绩效目标,并以生产部门的关键绩效指标为依据,生产部门的经理给每一个生产人员都规定了绩效目标,将每一个生产人员的月生产目标定为最低生产60件产品。在对6月的绩效进行考核时,其他生产人员全部按照规定完成了至少60件产品,但是小张只完成了55件。小张害怕自己因为没有完成绩效指标而受到处罚,

于是便去找自己所在生产小组的组长。

由于小张平时与自己的关系很好,很会拍自己的马屁,并且绩效考核又没有人监督,所以该生产小组组长为了让小张免受处罚,就私自修改了小张的绩效考核成绩,将55件改为了60件。这样一来,小张6月的绩效考核就达到了既定的指标,而不会被处罚。看到这样的情况,生产部门的其他员工感觉到非常不公平。但是,由于缺少监督制度,即使发现了暗箱操作的情况,员工却不知道应该向谁申诉,生产部经理对于这一情况也无从知晓。

久而久之,员工的工作积极性降低了,绩效考核过程中暗箱操作的情况却愈演愈烈。绩效考核制度不仅没有提升企业的工作效率,反而对企业造成了诸多的不良影响。

其实上述案例中的问题普遍存在于企业的绩效考核过程中。而之所以会出现这样的情况,归根结底是因为绩效考核的过程中缺乏必要的监督。因此,为了避免这样的问题,中层管理者在设置本部门的绩效考核制度时,要寻找相关的监督方法,保证考核过程的公平公正。

4.6.2 设置绩效考核监督管理机构

为了对绩效考核过程实施一定的监督,中层管理者可以在部门内部设置一个专门的监督小组,负责本部门的绩效考核管理工作,对绩效考核的过程实施一定的监督,规范绩效考核的行为。

中层管理者在设置绩效考核监督小组时,要赋予绩效考核监督小组一定的权利,明确其具体的职责。通常,绩效考核监督小组的职责主要有以下三点(见图4-11)。

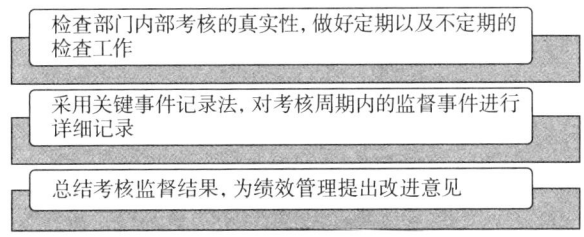

图 4-11 绩效考核监督小组的职责

4.6.3 明确绩效考核监督的内容

在设置绩效考核监督管理机构之后，为使其能够更好地开展监督工作，首先要明确监督管理机构的主要工作内容。只有明确绩效考核监督管理机构监督的主要内容，才能有针对性地对绩效考核的过程予以监督。

通常，绩效考核监督管理机构的监督内容主要有以下四点（见图4-12）。

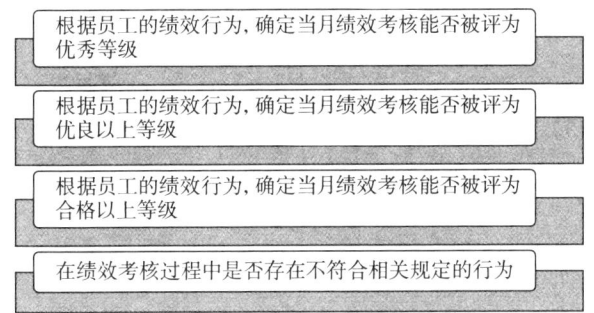

图 4-12 绩效考核监督管理机构的监督内容

绩效考核监督管理机构详细的监督内容如下（见表4-1）。

表 4-1 绩效考核监督管理机构详细的监督内容

员工在绩效考核过程中出现如下行为，则当月绩效考核不能被评为优秀等级
1. 每月制订的工作计划中，未涵盖所担任岗位95%以上的主要岗位职责、工作内容及目标达成情况
2. 有因沟通不畅、协调不力导致相关联部门的工作出现延误一次
3. 因个人原因影响团队绩效一次或复命不及时一次

续表

4. 未能按要求参加公司的培训学习活动，有迟到行为一次或者早退现象一次

5. 故意浪费或损坏公司财物并造成 100 元以下的损失

6. 工作责任心差，发生问题相互推诿责任一次

7. 工作中弄虚作假，暗箱操作

员工在绩效考核过程中出现如下行为，则当月绩效考核不能被评为优良以上等级

1. 每月制订的工作计划中，未涵盖所担任岗位 85% 以上的主要岗位职责、工作内容及目标达成情况

2. 有因沟通不畅、协调不力导致相关联部门的工作出现延误两次

3. 因个人原因影响团队绩效两次或复命不及时两次

4. 未能按要求参加公司的培训学习活动，有迟到行为两次或者早退现象两次

5. 故意浪费或损坏公司财物并造成 500 元以上的损失

6. 工作责任心差，发生问题相互推诿责任两次

7. 工作中弄虚作假，暗箱操作

员工在绩效考核过程中出现如下行为则当月绩效考核不能被评为合格以上等级

1. 每月制订的工作计划中，未涵盖所担任岗位 75% 以上的主要岗位职责、工作内容及目标达成情况

2. 有因沟通不畅、协调不力导致相关联部门的工作出现延误三次及以上

3. 因个人原因影响团队绩效两次或复命不及时三次及以上

4. 未能按要求参加公司的培训学习活动，有迟到行为三次或者早退现象三次及以上

5. 故意浪费或损坏公司财物并造成 700 元以上的损失

6. 工作责任心差，发生问题相互推诿责任三次及以上

7. 工作中弄虚作假，暗箱操作

第5章

绩效沟通与辅导：

持续沟通，及时建议，做"有态度"的中层

为了保证员工的工作状态与工作效果，与员工之间要保持及时有效的沟通。及时沟通有助于发现员工在工作中存在的问题，而有效的辅导则有助于帮助员工及时解决问题，从而提升工作业绩。所以，绩效沟通与辅导应该贯穿于整个绩效管理过程中，有技巧、有态度的沟通与辅导是绩效管理的灵魂。

5.1 沟通保证考核实施,辅导助力团队成长

绩效沟通与辅导是保证绩效管理顺利实施、提升工作业绩的关键。通过绩效沟通,我们可以及时了解每个员工在工作中的情况及工作状态。当发现员工存在某些问题时,适当地提出意见与建议,帮助员工及时解决工作中出现的问题。持续的绩效沟通有利于保证考核的顺利实施,而及时的绩效辅导能够让员工发现自己的不足与短板,确定接下来的改进重点和方向,从而提升团队的整体能力。

5.1.1 绩效沟通保证考核顺利实施

绩效沟通是绩效管理的核心,指的是考核者与被考核者就绩效考评反映出的问题以及考核机制本身存在的问题展开实质性面谈,并根据出现的问题寻找相应解决办法的过程。总体来说,绩效沟通是一个持续交流的过程。部门绩效管理则是指同部门中,管理人员与员工就绩效目标的设定与实现,而进行的持续不断、双向沟通的一个过程。在这一过程中,管理者与被管理者从绩效目标的设定开始,一直到最后的绩效考评,都必须保持

持续不断的沟通，任何单方面的决定都会影响绩效管理的有效开展，降低绩效管理体系效用的发挥。

绩效沟通在保证绩效管理顺利实施方面的重要作用主要表现在以下三个方面（见图5-1）。

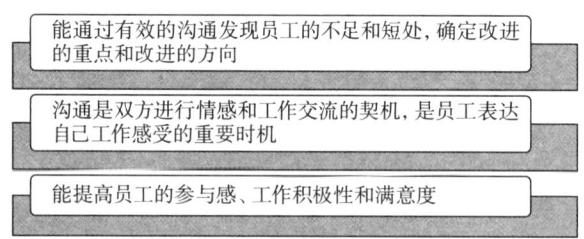

图5-1　绩效沟通的作用

要想通过绩效沟通保证绩效考核的顺利实施，就要将绩效沟通贯穿于整个绩效管理的过程中。

罗丝是一家公司的生产部经理，为了提升管理效果，在管理过程中实行了绩效管理。罗丝认为，要想做好绩效管理，就要在管理的过程中做好绩效沟通。如果没有沟通，员工将无法在第一时间知晓公司的最新要求与动向，也无法及时调整自己的工作方向；反之，自己也无法了解员工的实际工作情况，也就无法及时调整自己的管理方式。所以，在整个绩效管理过程中，罗丝都保持与员工进行及时有效的沟通。

从绩效目标的确定、实施到绩效反馈阶段，罗丝都与员工保持了良好的沟通。也正是因为这样持续不断地沟通，使得罗丝能够及时了解员工的工作情况，做好相应的把控；员工也能及时了解企业及部门的最新动态与要求，从而及时调整自己的工作节奏与工作方式。绩效沟通有助于绩效管理的顺利开展，即使中间出现了一些问题，也因为沟通得以及时发现并解决，从而保证了绩效管理的顺利实施。

第5章 绩效沟通与辅导：持续沟通，及时建议，做"有态度"的中层

所以，在做绩效沟通时，为保证沟通的效果，应该将绩效沟通贯穿于整个绩效管理的过程中。

绩效沟通运用于绩效管理的四个阶段（见图5-2）。

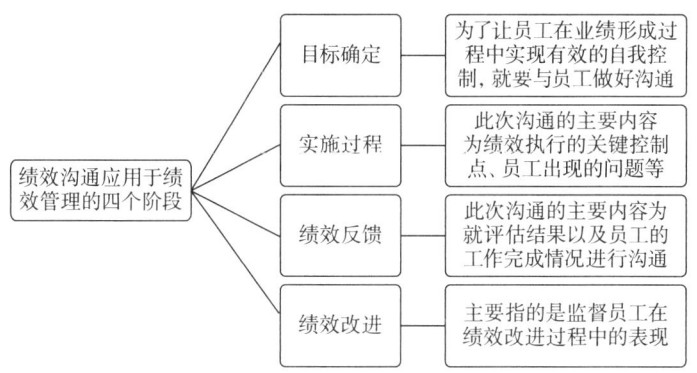

图5-2 绩效沟通应用于绩效管理的四个阶段

5.1.2 绩效辅导助力团队成长

绩效辅导指的是与员工讨论有关工作进展情况、潜在的障碍和问题、解决问题的办法措施以及管理者如何帮助员工等信息的过程。通过绩效辅导，能够帮助员工及时发现并解决自身存在的问题，提升其工作能力。当部门中每个员工的工作能力都通过绩效辅导有所提升时，团队的整体工作能力就会得到显著提高。所以说，绩效辅导能够助力团队成长。

绩效辅导在绩效管理系统中的作用在于能够前瞻性地发现问题并在问题出现之前解决，还在于能把管理者与员工紧密联系在一起，管理者与员工经常就存在和可能存在的问题进行讨论，共同解决问题，排除障碍，达到共同进步和共同提高，实现高绩效的目的。绩效辅导还有利于建立管理者与员工良好的工作关系。

绩效辅导的作用主要表现在以下三个方面（见图5-3）。

朱丽是一家互联网公司的经理，为了保证员工的工作业绩，公司实行

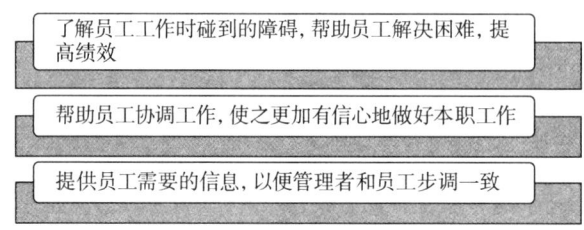

图 5-3 绩效辅导的作用

了绩效管理。由于刚刚接触绩效管理,朱丽在管理过程中没有与员工进行及时的沟通与辅导,使员工不仅无法获取公司最新要求,而且在工作出现问题后,也不知道该如何改进,从而导致工作中的问题一直得不到解决。

就这样过了半年时间,由于工作业绩非常不理想,朱丽对此进行了总结分析,发现出现问题的关键原因就是:在绩效管理过程中缺少绩效辅导。所以,在之后的绩效管理过程中,朱丽不仅加强了绩效沟通,而且非常注重绩效辅导。对于员工在工作中出现的问题,朱丽能够及时发现并帮助员工找到合适的解决办法,而且会将企业、部门的最新要求及时地告知员工。通过这样的方式,一段时间后,员工的工作业绩得到了明显的提升。

可见,绩效辅导对于提升员工工作业绩、助力团队成长具有重要作用。要做好绩效辅导,需要做好以下三个方面的内容(见图 5-4)。

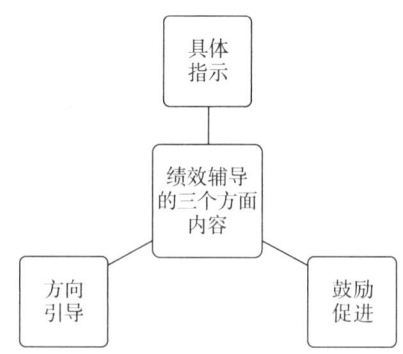

图 5-4 绩效辅导的内容

5.2 "3+1"对话模式，实现高效的绩效沟通

沟通是做好绩效管理的关键，良好的沟通能够保证管理人员与员工对彼此的动态进行实时的了解，从而保证绩效管理的有效执行。但实际上，很多中层管理者在做绩效管理时都缺乏有效的沟通，导致绩效沟通成了"走过场"的形式主义，绩效管理也得不到有效执行，更别说在企业管理中发挥出应有的作用。"3+1"对话模式为实现中层管理者与员工之间的业绩对话提供了全新的思路，实现绩效管理过程中与员工的高效沟通。

5.2.1 对话绩效目标

目标对于绩效管理的有效执行具有重要的指导意义，做好目标对话，是绩效沟通的关键。如果缺少了绩效目标沟通，那么绩效管理的过程就会缺少必要的透明性，而且对提升部门管理水平没有任何帮助。所以，要做好绩效管理过程中的沟通，首先就要做好绩效目标的对话。

对话业绩目标，首先要针对部门的战略愿景与总体工作任务进行沟通。在这一过程中，需要将部门的总体工作目标明确地告知员工，让员工

对部门的总体工作目标形成系统又深刻的认知。在这一基础上，再对部门的整体工作目标做进一步的分解。

分解部门的整体工作目标时，需要我们与员工共同完成，以实际工作中的具体要求与问题作为沟通讨论的重点，最终将部门的整体工作目标逐步分解为每个员工的具体工作目标。在分解目标的过程中，应该主要以各个岗位具体的职位说明书为参考标准，任何工作目标的分解与确定都要从职位说明书出发，紧紧围绕职位说明书展开、完善和执行。

完成绩效目标沟通后，为保证每个员工都能够将具体的工作目标落到实处，要根据每个员工的工作目标设置一份个性化的绩效目标管理卡。在绩效目标管理卡中，要着重体现两个方面的内容（见图5-5）。

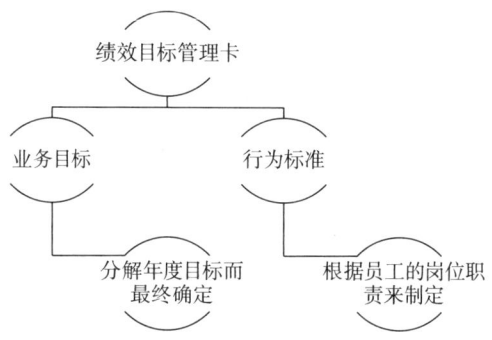

图5-5 绩效目标管理卡应体现的内容

通过沟通绩效目标，实现部门总目标的分解，确定员工的具体工作目标，设置绩效目标管理卡，是绩效管理能够有效执行的第一步。

5.2.2 对话绩效辅导

确定每个员工的具体工作目标后，接下来就要进入实际的执行阶段。为提升绩效管理的效果，在具体的执行阶段，要对员工进行一定的辅导，以提升员工的业绩操作能力，确保绩效目标能够按计划完成。所以，绩效辅导也是绩效管理的关键步骤并贯穿于整个工作过程中。

在做业绩辅导时,可以参考以下三种方法(见图5-6)。

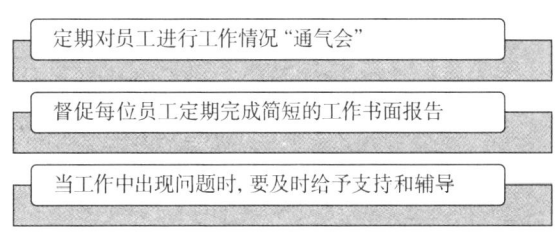

图5-6 中层管理者如何做业绩辅导

在对话业绩辅导的过程中,对于表现优秀、业绩突出的员工,要及时给予一定的表扬和鼓励。通过这样的方式,扩大正面行为对团队整体形成的积极影响,为员工树立工作榜样,强化员工的积极表现。而当员工的工作状态较差、工作业绩不理想时,也应及时真诚地予以指出,以提醒员工及时调整和改进。总体来说,对话业绩辅导,有利于保证员工工作的有序进行,实现业绩目标,保证绩效管理的有效执行。

5.2.3 对话绩效评价

对话绩效评价,指的是中层管理者在绩效目标确定和持续有针对性的业绩辅导的基础上,在一定时间内对员工进行绩效评价,以总结前一段时间员工的绩效表现。通过对话绩效评价,能够对员工在前期工作中的优点进行肯定,对出现的问题进行总结,以便为下一周期的绩效计划工作打下基础。同时,为保证对话绩效评价的效果,需要遵循以下五个原则(见图5-7)。

整个对话模式中,对话绩效目标与对话绩效辅导的有效实施,能够保证整个绩效管理过程的透明性与合理性。所以,在进行对话绩效评价时,只需严格按照相关原则进行对话即可保证绩效管理的有效性与合理性。在对话绩效评价的过程中,我们要扮演公平、公正的角色,始终站在第三者的角度评价员工在工作中的表现。需要注意的是,对话绩效评价的完成不代表绩效管理过程的结束。之后,还要将绩效评价的结果反馈给员工,一起分析过去一个绩效周期内存在的问题,帮助员工制订并改善计划,使绩

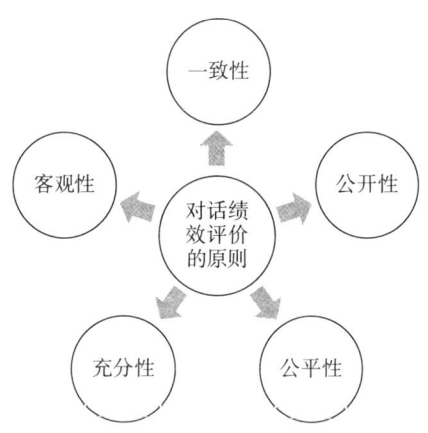

图 5-7　对话绩效评价的原则

效中存在的不足能够被员工认识和改进，这个过程也很重要，不可省略。

5.2.4　对话之外：控制对话过程

对对话过程的控制，就是"3+1对话模式"中的"+1"。很多中层管理者在做绩效管理的过程中，总是无法避免对绩效考核结果的争吵。员工认为自己的绩效考核结果不公平，中层管理者也疲于解释，最终影响绩效管理的效果。"3+1模式"中的"+1"——控制对话过程就是为了避免这一问题而设置的。

为了保证最终的绩效考核结果的可信度与严谨性，在与员工进行以上三步的对话过程中，要做好书面记录。通过对整个对话过程做好持续不断的观察和记录，就可以掌握员工的全部绩效资料，从而保证了绩效考核的公平性，绩效沟通与反馈也将不再是一个难题。

5.3
正式沟通 + 非正式沟通 = 全程式沟通

以绩效管理过程中的工作场景来看,绩效沟通主要可以分为正式沟通与非正式沟通两种。在绩效管理过程中,将正式沟通与非正式沟通综合运用在绩效沟通中,则能够实现全程式沟通,将绩效沟通在绩效管理中真正发挥出应有的作用。

5.3.1 正式沟通

在绩效管理过程中,正式沟通主要指事先经过计划和安排,按照一定的预定程序进行的沟通。正式沟通是绩效沟通的主要形式。在进行正式沟通时,需要设置一定的沟通形式与沟通时间段,按照既定的沟通计划,对员工实行正式绩效沟通。

著名企业家李开复曾担任微软全球副总裁,管理拥有 600 名员工的部门,而在此之前,李开复从未在总部从事过领导工作。为了在绩效管理过程中倾听员工的意见与问题,李开复运用了正式沟通的方式——"午餐会沟通法"。李开复每周都会选出10名员工,与这10名员工共进午餐。在吃饭的过程中,李开复会详细了解每个员工的姓名、工作情况以及工作中出现的问题,并根据员工提出来的问题,予以及时的指导。通过固定的时间段与形式,李开复了解了员工在绩效管理过程中存在的问题,实现了对员工的沟通与辅导,帮助员工提升了自身的绩效水平。而这样的方式不仅加强了对员工的沟通与辅导,还拉近了他与员工之间的距离,更有有利于后续对员工的管理。

正式沟通可以有不同的形式。根据绩效沟通的实际情况与要求,正式沟通主要有以下三种形式。

第一种,书面汇报。书面报告是绩效管理中最常用的一种单向绩效沟通方式,指员工使用文字或图表等形式向管理者汇报工作进展情况,报告可以是定期的,也可以是不定期的。在进行正式沟通的过程中,用书面汇报的形式,根据关键业绩考核指标逐条写明各项工作开展的现状并对绩效计划能否完成做简单评价。在书面的报告中,主要应该说明以下内容(见图5-8)。

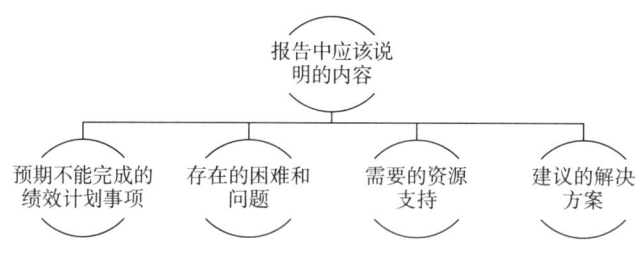

图5-8 报告中应该说明的内容

我们在认真仔细地审阅完员工的书面报告之后,应及时给出自己的反馈意见。

第二种,会议沟通。会议沟通也是一种非常常见的正式绩效沟通的形式。与书面汇报的形式无法提供与员工面对面交流的机会不同,会议沟通可以提供更加直接的交流机会,而且可以满足团队交流的需要。当公司战略目标、组织绩效计划等重要信息需要传达贯彻时,会议沟通往往是首要的选择。

选择会议沟通作为绩效沟通的形式时,要确定合适的会议时间、会议形式以及会议的人员。只有选择恰当的会议形式,才能保证会议沟通的效果。我们可以根据自身部门进行绩效沟通时的实际需求,设置合理的会议形式与内容。

第三种,面谈沟通。面谈沟通主要指的是中层管理者与员工进行面对面、一对一的沟通,面谈沟通是绩效沟通中采用最多的一种方式。由于面谈沟通是与员工单独进行交流,所以面谈沟通时,有利于进行深入的思想交流,并且可以交流一些不适合公开表达的观点。通过面谈沟通,我们与员工可以实现对彼此更加深入的了解,从而在管理人员与员工之间建立一种非常融洽的关系。而这种融洽的关系,对于提升管理效果以及绩效水平是非常有利的。

5.3.2 非正式沟通

与正式沟通不同,非正式沟通不需要经过事先的计划与安排,不需要在沟通时按照预定的程序进行。非正式沟通往往不需要刻意地准备,形式灵活多样,不受时间与空间的限制。

在绩效管理的过程中,如果出现问题,可以就发现的问题及时与员工沟通,从而非常高效地解决问题。并且,由于非正式沟通形式没有固化,在进行沟通时没有正式沟通所带来的压迫感,所以与正式沟通相比,非正式沟通更加容易拉近部门领导与员工之间的距离,并且沟通的效果往往会更好,甚至有可能取得意想不到的效果。

艾伦是一家公司的中层管理者,在绩效管理过程中,除了运用正式沟通的方式与员工进行绩效沟通,他还经常采用非正式的沟通方式。例如,艾伦会在工作休息时间与员工进行闲谈,了解员工的工作动态,并适时提出建议；或者在公司举办联欢会、生日会等场合，与员工进行闲谈，借助现场轻松的氛围达到绩效沟通的目的，增强绩效沟通的效果。

非正式沟通的形式多种多样，主要包括以下四种形式（见图5-9）。

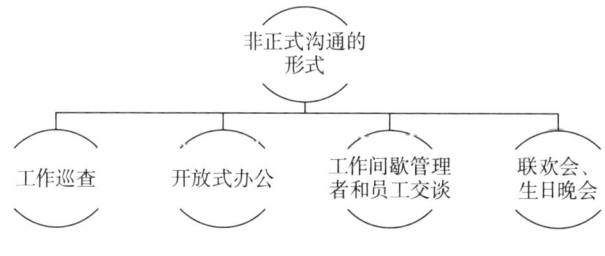

图5-9　非正式沟通的形式

在绩效沟通的过程中，可以适当采用非正式沟通的形式，并与正式沟通相结合，进一步提升绩效沟通的效果。

5.4 四种类型员工的不同沟通方法

在绩效管理中,与员工进行及时的沟通有利于绩效管理的顺利进行。但由于每个员工的性格特点不同,能够接受的沟通方法也不尽相同,如果对不同的员工采用同一种沟通方式,沟通的效果则会比较差。所以,与员工的沟通也要对症下药,根据员工不同的性格特点,选择合适的绩效沟通方法。

在此,我们将所有的员工大致分为四种类型,进行绩效沟通时,可以针对不同类型的员工选择不同的沟通方法,使绩效沟通的效果最大化。

卓强是一名销售主管,在绩效管理过程中,非常注重与员工的沟通。卓强希望通过加强与员工之间的沟通,提升绩效管理的效果。而对于工作团队中不同的员工类型,卓强有不同的沟通方法。

5.4.1 贡献型员工:提高目标与要求

在团队中,有一部分员工有较强的团队荣誉感,工作非常认真负责,为团队做出了非常多的贡献,这样的员工就被称为"贡献型员工"。在与"贡献型员工"进行绩效沟通时,就要提出更高的目标和要求。因为"贡献型员工"是为团队创造高业绩的主力军,是最需要维护和保留的。对其提出更高的工作目标和要求,有助于激励"贡献型员工"更加努力,完成自己的工作目标,最终为团队贡献出可观的成绩。

对于团队荣誉感强烈、具有强烈责任心的员工,在沟通过程中要对其提出更高的工作目标与要求,员工也会感觉到自己被重视,并且认为自己身上的责任与担当更加重要,从而在之后的工作中付出更多的努力,以实现管理者提出的目标与要求。通过对团队中的这类员工提出更高的目标与要求,不仅提升了员工的个人能力,更提升了整体的绩效水平。

所以,对于工作团队中具有较强的责任心与荣誉感的贡献型员工,在沟通的过程中,要对其提出更高的目标与要求,增强其自信心,使其在之后的工作中更加努力。

5.4.2 冲锋型员工:保持沟通与交流

在工作团队中,除了具有强烈的责任心、乐于为工作团队奉献的贡献型员工,还有一种员工,具有较强的工作能力,但是在工作情绪上经常忽冷忽热,工作态度时好时坏。当工作情绪与工作态度良好时,其工作成绩会非常突出;而当工作情绪低落时,工作态度会变差,工作成绩也随之下降。这样的员工,被称为冲锋型员工,如果能够使这类员工保持良好的工作情绪与工作态度的话,其会创造可观的绩效。

为了保证冲锋型员工能够时刻保持一种良好的工作情绪与工作态度,卓强总是通过各种方法加强与冲锋型员工之间的沟通。例如,他会利用休息的时间,主动找冲锋型员工谈话,了解工作中存在的问题,并帮助其尽快解决,使其能够保持一个良好的工作状态,从而在工作中发挥出自己的能力,提升业绩水平。

通过销售经理卓强对冲锋型员工的沟通方式可以看出,对于工作团队中的冲锋型员工,要保持经常的沟通、交流与辅导,使其始终保持一种良好的工作状态,避免由于工作状态变差而影响其工作业绩。

5.4.3 安分型员工:制订严格、明确的绩效改进计划

在团队中,也有一部分员工工作态度非常好,对待工作兢兢业业,但是由于工作能力有限,其工作业绩总是不理想。这一类员工,被称为安分型员工。很多中层管理者在对这一类员工进行绩效沟通时,常常陷入一个误区,认为这一类员工的工作态度非常好,对待工作兢兢业业,所以即使其工作业绩很差,也会对其采取"睁一只眼闭一只眼"的态度。最终,不仅员工个人能力无法提升,还影响了整体的工作业绩。

作为销售经理的卓强,对于工作团队中的安分型员工,也是以提升工作业绩为最终目的而进行沟通。卓强认为,员工拥有好的工作态度是一件好事,但是并不能因其工作态度好,就可以允许其工作业绩不好。所以,对于工作团队中的安分型员工,卓强会为其制订非常明确、严格的绩效改进计划,员工只需严格按照卓强制订的绩效改进计划执行,就可以提升自己的工作业绩。

通过卓强对安分型员工的沟通方式可以看出,与安分型员工进行沟通时,要避免陷入"好的工作态度能够代替差的工作业绩"的误区,要为安分型员工制订严格、明确的绩效改进计划,帮助其提升工作业绩。

5.4.4 堕落型员工:重申工作目标

每个工作团队中都有可能出现"扯后腿"的员工,对于这种堕落型员工,也要做好绩效沟通。如果对其放任不管的话,不仅其个人的工作业绩上不去,还会影响整个工作团队的工作业绩。所以,做好堕落型员工的绩效沟通,也是保证团队整体工作业绩的关键。

工作团队中的堕落型员工往往不思进取,视团队的工作业绩与目标如无物。为了提升堕落型员工工作积极性往往需要对其重申团队的工作目标,改变其对自己的工作成果的看法,给其一定的危机感,使其能够自觉纠正工作态度,提升工作积极性。

5.5 辅导对话流程，确保绩效辅导结果

绩效辅导对找出并解决工作中存在的问题、提升员工的工作业绩具有重要作用。但是，绩效辅导并不是简单地提问题、讲方法。要想做好绩效辅导，就要掌握一定的绩效辅导的技巧和程序。

彼得是一家外企公司的中层管理者，在实行绩效管理的过程中，为了提升员工的工作业绩，他非常重视对员工的绩效辅导过程。在绩效辅导的过程中，为保证绩效辅导的效果，会严格遵循辅导对话流程。

5.5.1 寻找问题所在

在绩效辅导过程中，最关键的问题就是要让员工认识到其在工作中存在的问题。只有明确了问题所在，才能够对症下药，找出适合的解决方法。如果连问题的所在都找不到的话，找对策、解决问题就无从谈起。

在进行绩效辅导的过程中，彼得发现，很多员工只是根据绩效考评结果看到自己的绩效考核结果不佳，也有员工会感觉到自己在工作中存在一定的问题，但具体的问题是什么、出在哪里却不清楚。也正是这样的原

因，导致员工无法根据自己存在的问题找到解决方法，提升自己的业绩。

针对这样的情况，彼得在进行绩效辅导时，首先要做的一点就是帮助员工寻找问题的所在。通过与员工一起分析问题，找出产生问题的具体原因，员工就能够明确自己的不足，之后的制定解决办法就有了针对性。也正是在绩效辅导的过程中，彼得首先帮助员工找到了自身的问题所在，为之后的绩效辅导打下了坚实的基础。

在这一过程中，需要解决以下两个问题（见图5-10）。

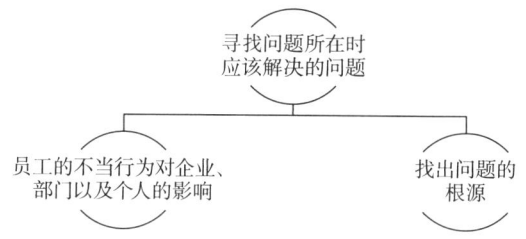

图5-10　寻找问题所在时应该解决的两个问题

5.5.2　共同对话可能的解决办法

在绩效辅导过程中，找到了问题所在之后，就要针对找出的问题，制定出合适的解决办法，从而在之后的绩效管理过程中提升业绩。所以，在找到问题的根源之后，要与员工共同商讨可能的解决办法，因为只有与员工一起找出解决办法，才能真正达到绩效辅导的目的。

彼得在帮助员工找到问题的根源之后，则会根据找出的问题，帮助员工寻找相应的解决办法。由于员工可以调动的资源相对有限，彼得会利用现有的工作资源，帮助员工制定出几种可以实施的解决办法，并就制定出这几种解决办法与员工进行探讨，利用排除法，确定最合适的解决办法。

在帮助员工制定相应的解决办法时，彼得会综合考虑多种因素，确保所制定的解决办法是最具可行性的。

通过彼得的做法可知，中层管理者在帮助员工制定解决办法时，也要综合考虑多个方面的因素。需要考虑的因素主要为以下四点（见图 5-11）。

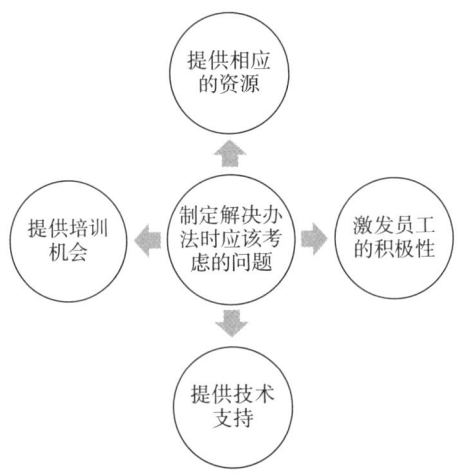

图 5-11 制定解决办法时需考虑的因素

在找出几种解决办法后，要与员工进行深入探讨，就每一种解决办法的可行性进行详细分析，最终找出最适合的解决办法。而这一过程的目的，就是要使我们与员工就问题的解决办法、目标与计划达成最终共识，从而保证在之后的绩效改进阶段将所制定的解决方法顺利实施。

5.5.3 监督员工是否将约定的行为有效执行

在制定了适合的解决办法之后，只有在实际工作中切实、有效地执行，才能真正解决问题。如果制定了解决办法，却没有在实际工作中执行，那么所制定的解决办法就会成为一纸空谈，之前所有的工作也都将成为无用功。

所以，在与员工共同确定具体的解决办法之后，在接下来的工作中，要对员工的工作行为做持续的追踪与监督，观察员工是否真正将计划落实到行为。在这一过程中，一旦发现其行为与之前所制定的工作目标、计划以及商定的步骤有不吻合的情况，就要及时予以指出并调整，保证员工的工作行为不出现偏差。

彼得在监督员工工作的过程中，会不断分析员工的工作行为，看员工的工作行为是否符合之前预设的工作目标与工作要求。当发现员工的工作行为出现偏差时，会及时提出并让员工作出调整。也正是因为有了彼得的监督，员工才能够将制订好的工作计划百分之百地执行，使绩效辅导过程中所制定的解决办法真正起到应有的作用，为提升员工的工作业绩服务。

5.5.4 激励员工任何达到目标的行为

员工都是需要激励的，工作中适时地给予员工一定的激励，才能有效调动员工的工作积极性，从而提升工作效率。一些激励行为对员工工作行为的改善具有非常重要的影响，并且给予其激励的时间越接近行为改善的时间，激励行为越具有刺激性，影响就越大；反之，影响越小。所以，我们应该及时给予员工激励。

当员工在工作中达到了既定的工作目标时，就要给予及时的激励。激励的形式可以多种多样，及时的激励有助于让员工保持持续的动力。

第6章

绩效考核评价：
总结工作成绩，核算考核成果

　　所谓绩效考核评价，就是针对员工在绩效考核过程中所产生的各项工作成绩进行评定，员工的绩效考核结果就在绩效评价中产生。绩效评价的过程是否合理，会对绩效考核结果的真实性产生直接影响。只有依靠科学的方法，将考核变成制度，让绩效成为体系，才能最大限度地发挥绩效考核的作用。

6.1
员工不做你想要的，只做你考核的

有相关调查数据表明，在一家企业中，只有20%的员工会自觉地努力工作，有60%的员工需要有一定的监督才能努力工作，还有20%的员工是很难独立完成工作的。这个说法立足中层管理者的话，依旧也是成立的。作为一名中层管理者，我们要明白手下员工的状态和心态，如果没有相应的制度督促员工工作，仅仅依靠员工的自觉性的话，是很难提升工作效率的。只有依靠一些管理制度去督促员工的工作，给其增加危机感，他们的积极性才能被激发。

6.1.1 消除对"检查工作"的偏见，完成工作不能只靠"承诺"

所谓"检查工作"，指的是针对某项具体的工作，对员工提出正式的工作要求，并且在员工完成工作的过程中，进行定期或者不定期的检查，以监督员工，保证其工作质量与工作效率。但是，职场中很多中层管理者对"检查工作"带有一定偏见，认为如果总是非常严肃地对员工提出工作

中层抓绩效 基层出结果

要求，并不断检查员工工作，会伤害员工的自信心，同时也会让部门关系僵化。所以，在工作中总是尽量避免以非常正式的形式给员工下达工作命令，也很少监督员工的工作过程。

刘先生是上海一家电子生产企业的采购部门主管，为人非常随和。为了维护与下属的关系，如果没有特殊的情况，刘先生通常不会用非常正式的形式给下属布置工作任务，更不会监督下属的工作完成情况。刘先生认为，只要自己跟员工说希望其做什么工作，员工自然会心领神会，这样大家"面子上都好看"。但是，正是因为刘先生这样的管理方式，工作中屡次出现问题。

例如，有一次，刘先生要让一个下属采购一批生产材料，3天之后要用。这次，刘先生仍然只是口头上跟下属说了一下："小张，有一批生产材料你去采购一下吧，我希望你能够在3天之内完成。"但是，当3天过去了，生产材料要投入使用时，刘先生才发现，小张还没有将生产材料采购回来。刘先生非常生气地对小张说："这个事情我之前都已经跟你说过了，怎么还这样？"而小张却辩解说："您只是说希望能在3天之内采购完，并没有明确要求我必须在3天之内采购完。况且，采购过程中确实出现了一些问题导致时间延误了。"刘先生对此感到非常无奈。当刘先生的上级领导过问这件事情时，通过了解情况，上级领导认为大部分的责任在刘先生身上。上级领导对刘先生说："如果你的团队做了某些事情不能达到你的要求，那么责任主要在你，因为你没有制定一套流程来检查他们所做的。如果你制定了一套检查制度，那么员工有了危机感，员工的工作效率自然能够提高。"

刘先生的问题在很多中层管理者的工作中都存在，为了避免这样的问题，就要用非常正式的形式布置工作，并且在工作中加入考核，用绩效考核来监督、检查员工的工作。员工不会做你想要的，只会做你考核的。想让员工做什么,就考核员工什么。

6.1.2 做好工作追踪,保证员工工作"不脱轨"

在工作中,只有给员工一些约束与监督,才能保证员工按照既定的工作计划完成工作目标。为了使员工在工作中不出现偏离工作目标的情况,还要做好员工的工作追踪,时刻监督员工的工作行为。在工作追踪中,一旦发现员工的工作行为与工作目标发生了偏离,就要及时对偏离的工作情况进行评估反馈,并采取一定的调整措施,保证工作目标顺利实现。

通常,在进行工作追踪时,主要的内容包括以下四点(见图6-1)。

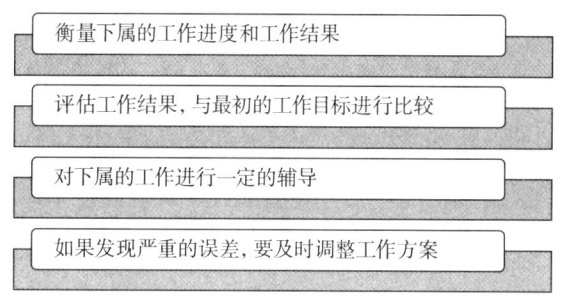

图6-1 工作追踪的内容

在进行工作追踪时,具体可分为三步:

第一步,搜集下属工作信息,掌握工作动态。

这一过程主要需要了解下属在工作中是否将其所有的资源和精力都用在了目标达成上。如果是的话,则需要给予下属一定的鼓励和表扬;而如果发现下属并没有充分利用其资源和精力用来达成工作目标,则需要及时纠正其工作行为,避免发生更严重的错误。

第二步,对下属的工作进行授权。

这一过程主要是为了避免员工在工作中事事汇报,影响了正常的工作秩序。工作追踪并不是工作干涉,要掌握好工作追踪的度,不要替下属做决定,而是要为员工的工作提出建议。

第三步,根据工作情况予以工作评价。

在追踪过程中,中层管理者要养成定期追踪与检查的习惯。只有这样,才能保证员工在工作中能够时刻保持良好的工作态度和工作秩序。

在对工作进行检查和评价时,要注意以下三点(见图6-2)。

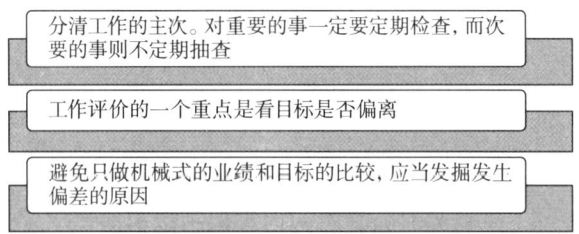

图6-2 如何进行工作检查和工作评价

通过工作追踪,实现了对下属工作的监督和指导,有效避免了员工在工作中的散漫态度,更加有利于工作目标的达成。员工不会做你想要的,只会做你考核的,用考核和监督督促员工,才能够保证工作目标的达成。

6.2 目标管理法：分解、执行并最终实现目标

目标管理法是由管理专家彼得·德鲁克最先提出。彼得·德鲁克认为，并不是有了工作才有目标，而是有了目标才能确定每个人的工作。目标管理法指的是由上级与下级共同决定具体的绩效目标，并定期检查工作目标完成情况的一种管理方式。目标管理法是一种结果导向型的绩效考评方法，以实际产出为基础，考评的重点为员工工作的成效和劳动的结果。在考评之后产生的奖惩，则视员工工作目标的完成情况而定。目标管理法更加注重上级与下级之间的互动，用可观察、可测量的工作结果作为衡量员工工作绩效的标准，以制定的目标作为对员工考评的依据，从而使员工个人的努力目标与部门目标保持一致，减少了中层管理者将精力放到与部门目标无关的工作上的可能性。

某生产部经理在本部门的绩效管理中，引入了目标管理法。

在考核开始之前，他会与生产部的所有员工进行面对面沟通，了解实际工作情况，在全面分析员工的工作能力、工作条件以及企业的生产要求的前提下，与员工共同制定一个生产目标，作为绩效考核的目标。如果员

工在规定的期限内能够达到这一生产目标,则会获得一定的奖励,否则就要接受一定的惩罚。

在考核实施过程中,该生产部经理会与员工保持沟通,及时了解工作情况,如果出现了问题,便会帮助员工马上解决,以保证工作目标能够按时完成。

通过目标管理法,不仅提升了生产效率,扫清了工作障碍,还加深了该经理与下属的感情,让工作团队变得更加团结,工作积极性也有了明显提升。

6.2.1 目标管理法的主要内容

在使用目标管理法时,首先要明确其各项内容,并进行合理设置,才能保证目标管理法的顺利实施。总体上,目标管理法所包含的内容主要有以下几点:

第一,目标,即具体的工作目标。在工作目标中,最为关键的就是设定战略性的部门工作目标,将其作为目标管理的起点。在确定部门工作目标后,接下来就是对目标进行分解,直至分解为每个员工的具体目标。而目标管理的核心就在于整合各个分解目标,最终实现总体目标。

第二,周密的实施计划。目标管理是一项系统的工作,需要有周密的实施计划,保证目标管理法的顺利实施。一个周密的实施计划通常包括以下四项内容(见图6-3)。

第三,管理意识。在实施目标管理的过程中,每个成员都应该认识到自己是既定目标下的成员,不仅要自觉、自发地完成个人的工作任务,还要与其他成员积极配合,实现部门的工作目标。

第四,有效配合。目标管理的关键环节就是绩效考核评估以及验收工作目标的执行情况。如果做不好绩效考评,就无法实现绩效反馈,那么想要实现工作目标就会变得非常困难。

目标管理法在实现工作目标方面具有重要的作用。其评价标准可以直

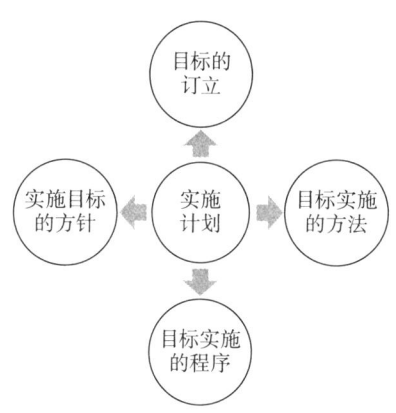

图6-3 实施计划的主要内容

接反映出员工的工作内容,并且结果易于观测,所以很少出现评价失误,还有利于做好之后的绩效反馈与员工辅导。除此之外,由于目标管理法的过程强调上级与下级的共同参与,所以在一定程度上会提升员工的工作积极性,增强其责任感,有利于工作效率的提升。

6.2.2 掌握目标管理法的实施过程

目标管理法的实施有一套既定的流程,要想实施目标管理法,首先要掌握目标管理法的实施过程。只有掌握好目标管理法的实施过程,才能将其作用发挥到最大限度。

通常,目标管理法的实施过程共分为四个步骤,主要内容如下(见图6-4)。

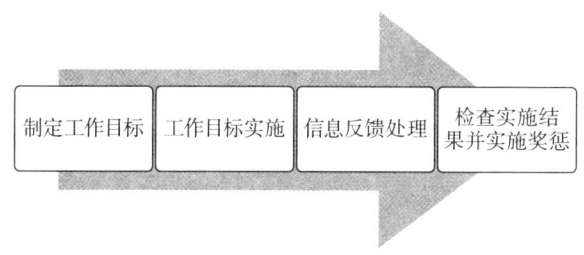

图6-4 目标管理法的实施过程

中层 抓绩效　　**基层** 出结果

目标管理法通过一种专门设计的过程使目标具有可操作性,这种过程一级接一级地将目标分解到组织的各个单位。部门的整体目标被转换为每一个人的具体目标,即从整体部门目标到个人目标。在此结构中,某一级的目标与下一级的目标连接在一起。而且对每一位员工而言,目标管理法提供了具体的个人绩效目标。

在应用目标管理法时,要严格按照实施步骤进行,只有按照相关步骤实施,才能保证目标管理法的最终效果。

6.3
360度绩效考核法：多元化评价维度清除考核盲点

360度绩效考核是绩效考核方式之一，其特点是评价维度多元化。在绩效考核评价中，使用360度绩效考核法，能够从多个角度对被考核者进行评价。综合多个方面的意见而最终得出的绩效考核结果，能够消除评价维度单一导致的考核盲点，使绩效考核评价结果更加全面、准确。在进行绩效考核评价时，可以根据实际需求，选择360度绩效考核法进行绩效考核评价。

洛德是一家外资公司的销售部经理。在对本部门进行绩效考核时，洛德采用了360度绩效考核法。

首先，洛德确定了被考核人员。然后，根据每个被考核人员，选择出3名同事，5名客户，如果被考核人员处于营销组长的岗位，还要选择出1~2名被考核者的下属，对被考核者在考核周期内的工作表现进行评价。除此之外，洛德还会对每个被考核者的工作情况亲自进行评价。通过这样的方式，不仅可以了解到上司对被考核者的工作评价，还可以了解其下属、同事以及客户对其工作能力以及工作态度的评价,保证了评价结果的全面性。

洛德通过采用360度绩效考核法,使考核结果非常全面、完整,不仅体现了绩效考核的公平公正,还让被考核者更加全面地了解自己的工作能力与工作状态,有助于其在之后的工作中做出改进。

中层管理者在进行绩效考评时,可以根据自身企业的实际需求,合理使用360度绩效考核法,提升绩效评估效果。

6.3.1 确定360度绩效评价的内容

使用360度绩效考核方式时,首先要明确考核内容。

360度绩效考核法的考核内容主要包括以下四个方面:

第一,被考核者。在360度绩效考核法中,被考核者同样是考评人之一。考核者让被考核者进行自我评价。被考核者可以根据自己日常的工作表现,对自己的能力、态度以及行为进行评价。当被考核者进行自我评价时,往往会降低自我防卫意识,从而认识到自己的不足之处,并且在之后的工作中加以改正。

第二,同事。在360度绩效考核法中,一个重要的环节是让被考核者的同事对其进行评价,也就是各个被考核者互评绩效的方式。在实际工作中,员工面对上司并不会将真实的工作状态完全展现出来。所以,上司对下属的工作了解是存在一定的局限性的。而同事对于员工工作状态的了解则要深入得多,让同事之间进行互评,评估结果会更加客观、全面。

第三,下属。这里的下属指的是被考核者的下属。被考核者可以通过下属的反馈,清楚地知道自己的管理能力有什么地方需要加强,对于提升自己的工作质量具有非常重要的作用。

第四,主管。通过被考核者的上级主管对被考核者的工作进行评价,是最常见的一种评估方式。主管可以根据员工在工作中的表现,对员工的工作进行评估，并给予员工相应的指导。

360度绩效考核法具有以下优点（见图6-5）。

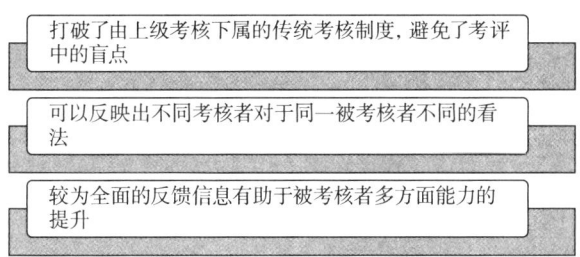

图6-5 360度绩效考核法的优点

中层管理者在实行360度绩效考核法时，可以有效避免绩效考评中的各种盲点。但是，360度绩效考核法也存在一些不足（见图6-6），中层管理者在实行360度绩效考核法时，也应该尽量避免。

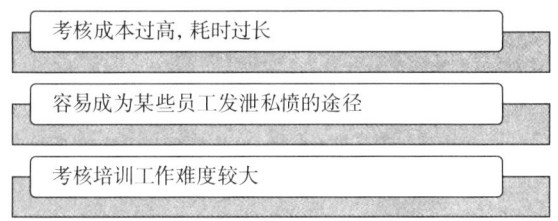

图6-6 360度绩效考核法的不足

为了避免以上实行360度绩效考核法时可能出现的问题，中层管理者可以采用以下方式（见图6-7）。

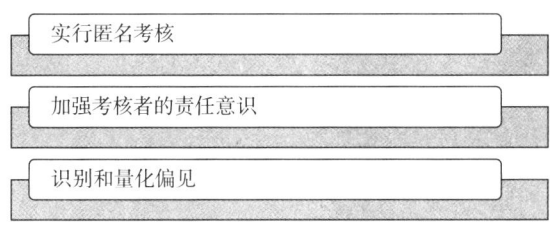

图6-7 针对360度绩效考核法不足之处的建议

6.3.2 遵循360度绩效考核法的操作过程

在实行360度绩效考核法时,要遵循其操作过程,严格按照相关的流程设置,才能达到预期的效果。

第一,准备阶段。主要目的是使所有相关人员,包括所有评估者与受评者,以及所有可能接触或利用评估结果的管理人员,正确理解企业实施360度绩效考核法的目的和作用,进而建立起对该评估方法的信任。所以,这里要对所涉及的相关人员进行动员,使其了解这项工作的重要性,提高其责任意识。

第二,评估阶段。这一阶段是360度绩效考核法的关键阶段。我们要组建360度绩效反馈队伍,并对评估者进行360度评估反馈技术的培训,然后实施360度评估反馈并统计报告评估结果。

第三,反馈辅导阶段。当评估结果出来之后,要将相应的结果告知被考核者,使其了解自身在工作中存在的不足,并对其进行一定的辅导,帮助其进行改进和提升。

6.4 关键绩效指标法：让绩效行为与考核目标高度吻合

关键绩效指标法是一个重要的考核工具。在进行绩效考核时，可根据所属部门的实际情况，合理使用关键绩效指标法，提升部门的绩效管理效果。为了更好地使用关键绩效指标法，我们要对关键绩效指标法有一个深入的了解，只有这样才能更好地使用关键绩效指标法。

6.4.1 掌握关键绩效指标法的理论基础和关键特征

要想对关键绩效指标法形成一个深入的了解与认识，方便之后的实际应用，首先就要掌握关键绩效指标法的理论基础和关键特征。只有掌握其基本内容，才能对关键绩效指标法形成一个深入的了解和认识。

关键绩效指标法的理论基础为"二八原理"。"二八原理"由意大利经济学家帕累托提出，"二八原理"指出：在任何特定的群体中，重要的因子通常只占少数，而不重要的因子则常占多数。因此，只要控制重要的少数，即能控制全局。反映在数量比例上，大体就是2∶8，也就是应用很广的"重要的少数与琐碎的多数"。关键绩效指标法就是以"二八原理"为理论基础，为绩效考核指明了方向。

关键绩效指标法以"二八原理"为理论基础，将绩效考核工作的主要精力放在关键的过程与结果上。这也正是关键绩效指标法所提倡的考核工作要围绕关键绩效指标而展开。

由于关键绩效指标实质上是对组织运作过程中的关键成功因素的归纳，所以关键绩效指标具有以下特征（见图6-8）。

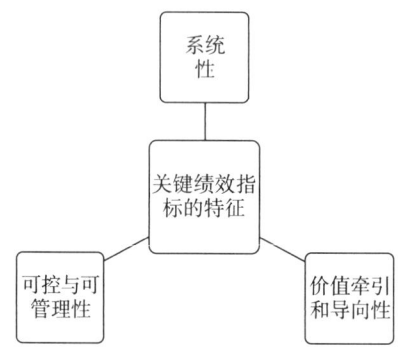

图6-8 关键绩效指标的特征

关键绩效指标法在绩效考核中具有非常重要的作用，但是同样存在着一定的优点与缺点。优点是，实施绩效考核时目标明确，能够有效促进部门目标的达成；通过将部门的利益与员工的利益放在一起，使得在员工达到个人工作目标的同时，部门的总体工作目标也能够达成，实现了部门与员工的利益共赢。但是，关键绩效指标法同样存在一定的不足，例如，其指标的界定比较难，并且不是任何工作岗位都适用。实行关键绩效指标法时，还有可能产生过分依赖考核指标，导致绩效考核机械化的问题。所以，在使用关键绩效指标法时，要客观看待关键绩效指标法，避免陷入误区。

6.4.2 依据SMART原则确定关键绩效指标

在实行关键绩效指标法的过程中，一个最核心的问题就是设置关键绩效指标。设置时，通常需要遵循以下步骤：

第一步，建立评价指标体系。

在建立评价指标体系时，常用的方式是从宏观到微观的顺序，依次建立各级的指标体系。首先，要明确部门的战略目标，依据部门的发展战略，确定部门的绩效目标。其次，要对部门的绩效目标进行分解，确定各个小组乃至个人的绩效目标。通过这样由宏观到微观、逐渐分解绩效目标的方式，就可以建立评价指标体系。

第二步，设立评价指标的评价标准。

一个完整的绩效考核体系除了需要有评价指标，每个评价指标还需要有特定的评价标准。如果只有指标而没有评价标准，那么在考评的过程中就缺少评价的依据。所以，要为每个评价指标设置特定的评价标准。通过设置评价指标可以解决绩效考核评价中具体的评价内容；而评价标准则可以解决要求被评价者"做得怎样""完成多少"的问题。

第三步，审核关键绩效指标。

在确定了评价指标和具体的评价标准后，就要对所确定的绩效指标进行检验审核。通过审核关键绩效指标，可以清楚地知道所确定的关键绩效指标是否能够全面、客观地反映被评价对象的工作绩效以及是否适合评价操作。

在确定关键绩效指标时，要依据SMART原则（见图6-9），以保证所确定的关键绩效指标的合理性与实用性。

通常，在实际设计应用关键绩效指标时，往往容易陷入以下误区：

第一，由于对具体原则理解偏差而导致指标过分细化。在制定关键绩效指标时，重点强调的问题是：所确定的指标要具体，避免过于笼统而给绩效考核带来难度。但是，一些企业的中层管理者由于在设置指标时一味地追求具体，最终导致指标被过分细化。而过分细化的指标不仅无法起到应有的作用，还会造成成本浪费。所以，在确定指标时，要把握好这个"度"，既不能过分笼统，也不能过分细化。

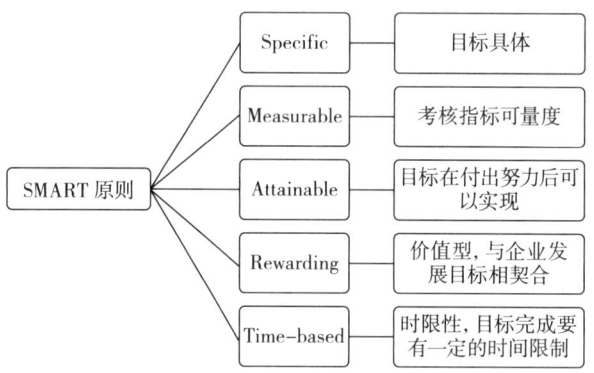

图 6-9 SMART 原则

第二,对可度量原则理解偏差带来的关键指标遗漏问题。可度量并不是单纯指可量化,为了避免关键指标遗漏,就要避免过分追求指标的量化程度。

第三,对时限原则理解偏差带来的考核周期过短问题。实践中,不同的指标应该有不同的考核周期,有些指标是可以短期看到成效的,可以每季度考核一次;而有些指标是需要长时间才可以看出效果的,则可能需要每年考核一次,不能为了追求时效性而不顾目标实现的具体情况。

6.5
平衡计分卡：将无形的战略转化为有形的目标

平衡计分卡是一种"未来组织绩效衡量方法"的绩效评价体系。平衡计分卡从财务、客户、内部运营以及学习与成长四个角度，将部门的战略落实为可操作的衡量指标和目标值，是一种新型的绩效管理体系。设计平衡计分卡的目的就是要建立"实现战略指导"的绩效管理系统，从而保证部门工作计划得到有效的执行。

某中层管理者为提升本部门的业绩，实行了平衡记分卡的绩效考核模式。首先，该中层管理者结合企业的整体发展战略以及本部门的发展目标，确定了本部门的总体绩效目标。该目标分为财务、客户、内部经营过程以及学习成长四个方面。财务方面，该中层管理者将绩效考核目标定为年度业绩在80万元以上；客户方面，要在维护现有客户的基础上，积极吸纳新客户100名以上；内部经营要实现制度化、规范化；而本部门各个员工的工作能力也要有明显的提升。

其次，该中层管理者结合实际工作环境与资源条件，确定了具体的实施计划。通过将部门的绩效考核目标与年度资源的分配预算结合，逐步实施绩效考核计划。

最后,在考核完成后,根据考核结果,及时修订平衡计分卡评价指标,并改进部门的考核计划。

由于实行了平衡计分卡,使得该部门实现了良性的运转,有效提升了工作效率。

中层管理者在本部门中实行平衡计分卡时,需要对平衡计分卡有一个充分的认识,在深入了解平衡计分卡的基础上,让平衡计分卡发挥应有的作用。

6.5.1 设计平衡计分卡的核心内容

平衡计分卡在应用过程中具有其核心内容。通过上文的案例可以发现,该公司在使用平衡计分卡时,其最主要的内容就是联系自身企业的实际情况,设置并完善平衡计分卡的核心内容。平衡计分卡的核心内容主要包括以下四个方面(见图6-10)。

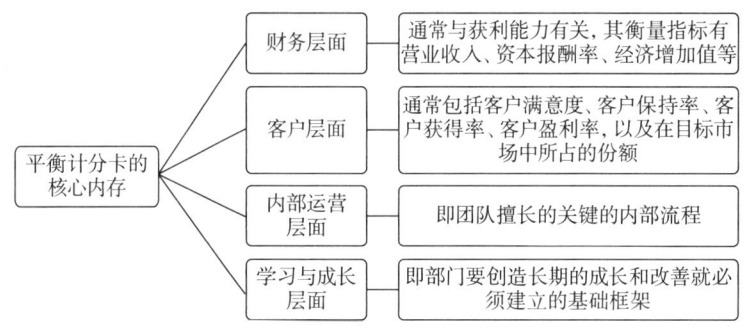

图6-10 平衡计分卡的核心内容

平衡计分卡的核心内容中的四个层面分别代表了经营过程中的股东、顾客以及员工三个主要的利益相关者。根据部门的实际情况,可以在四个层面上设置不同的指标,以代表各个利益方在经营过程中的重要性。但是,以上四个层面中的各个指标并不是独立存在的,所指定的所有指标的最终目的都是提升部门的效益。所以,所制定的四个层面上的各个指标都应该相互关联,相互强化,成为一个体系,以保证最终的效益。

6.5.2 遵守平衡计分卡的实施原则

平衡计分卡的实施是一项系统的工作,并不是只依靠个人意愿就可以完成的。为了保证平衡计分卡的实施效果,在实施使用平衡计分卡、制定相关的评估标准时,要严格遵守平衡计分卡的实施原则(见图6-11)。

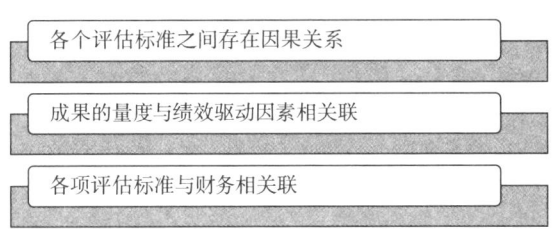

图6-11 平衡计分卡的实施原则

遵守以上三个原则所制定的评估标准,能够将实施方式与企业的战略方针相结合,为提升企业的工作效率发挥作用。

6.5.3 按照平衡计分卡的实施步骤执行

平衡计分卡具有特定的实施步骤,为了更好地使平衡计分卡发挥作用,就要掌握并遵守平衡计分卡的实施步骤。平衡计分卡的实施步骤见图6-12。

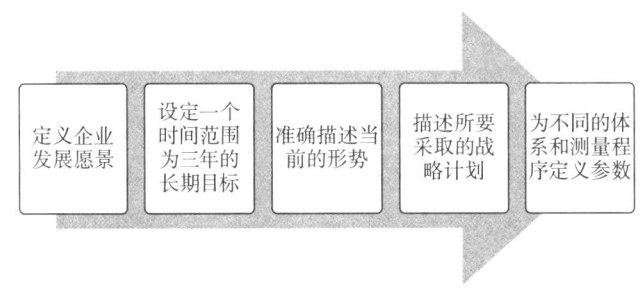

图6-12 平衡计分卡的实施步骤

但是,在平衡计分卡的实施过程中,仍然可能出现一些障碍(见图6-13),中层管理者要清除这些障碍,才能够保证平衡计分卡的顺利实施。

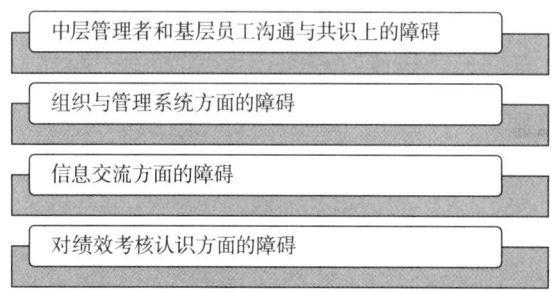

图6-13 平衡计分卡实施过程中的障碍

第7章

绩效反馈改进：
将考核结果上传，将改进计划下达

所谓绩效反馈，就是将绩效评价的结果反馈给被评估对象，并对被评估对象的行为产生影响的过程。绩效反馈是绩效评估工作的最后一环，也是最为关键的一环，这是因为能否达到绩效评估的预期目的，取决于绩效反馈的顺利实施。

7.1 方式正确的反馈才是有效反馈

绩效反馈是绩效管理的重要一环，做好这一步，对之后的绩效改进具有重要的指导意义。很多中层管理者对绩效反馈的理解存在一定的误区，认为绩效反馈只要简单地把员工的工作情况告诉他们即可。实际上，绩效反馈不是简单地将绩效考核结果告知员工即可，如果没有正确的方法，绩效反馈就不能发挥应有的作用。所以，在进行绩效反馈时，必须要掌握有效的方式方法。

7.1.1 抓住"5W1H"，明确绩效反馈涉及的各个方面

很多中层管理者在做绩效管理时，其实对绩效管理的认识仍然是一头雾水，对于为什么要做绩效反馈、由谁来做绩效反馈、向谁做绩效反馈、具体什么时间反馈以及具体要反馈什么内容，都没有一个清楚的认知。导致在进行绩效反馈时，总是摸不着头脑，自己一头雾水，员工一脸茫然。但抓住"5W1H"，就可以为我们提供正确的绩效反馈方案。

Why——进行绩效反馈的目的。要做好绩效反馈，首先要明确本次绩

效反馈的主要目的，根据绩效反馈的目的制订合适的反馈计划。

Who——由谁来反馈。指的是将员工的绩效考核结果反馈给员工的具体人员。确定了由谁来反馈，绩效反馈才能按计划进行。通常，负责绩效反馈的人员分为四种（见图7-1）。

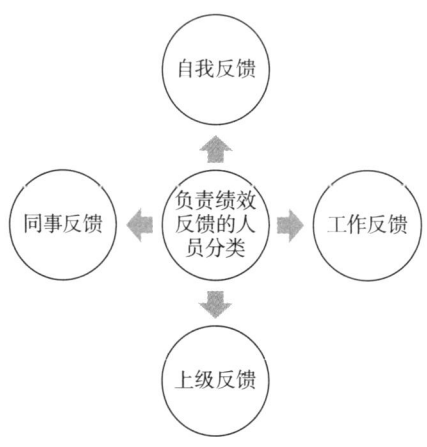

图7-1 负责绩效反馈的人员分类

在确定绩效反馈的具体人员时，需要根据绩效反馈的具体要求和部门的实际情况选择合适的人员。

Whom——向谁反馈。在确定具体应该向谁反馈时，非常简单。谁被考核，就要将其绩效考核结果向其反馈。在部门考核中，一把手向部门负责人反馈；个人考核中，上级向员工反馈。并且，在一个工作团队中会有不同类型的员工，在向不同类型的员工做绩效反馈时，要根据员工类型选择合适的反馈方式。

When——什么时候反馈。一个适宜的反馈时机非常重要。通常，绩效反馈要及时，切勿等到问题已趋恶化，或者事情已经过去很久之后再进行。如果发现的问题并没有过于严重，员工会把在绩效反馈过程中听到的意见或建议当成是善意的提醒，更加乐于接受；但如果事情已经发生了很久之后，才进行反馈，这个时候员工已经形成了习惯性认可心理，此时提

第7章 绩效反馈改进：将考核结果上传，将改进计划下达

出批评则会引发"为什么不早说"的反感与抵触心理。所以，绩效反馈一定要及时。

What——反馈的具体内容。明确绩效反馈的具体内容，对于做好绩效管理至关重要。很多中层管理者在做绩效反馈时，没有明确具体的绩效反馈内容，导致实际反馈时没有东西可说，白白浪费了与员工沟通的机会与时间。

通常，绩效反馈的内容包括以下三个方面（见图7-2）。

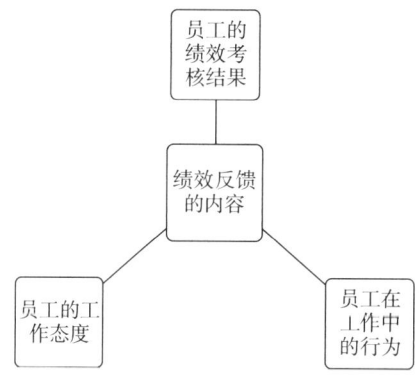

图7-2 绩效反馈的内容

How——绩效反馈的小技巧。掌握一定的绩效反馈的技巧，对于提升绩效反馈的质量具有明显的帮助作用。通常，在绩效反馈的不同阶段，需要有不同的反馈重点（见图7-3）。

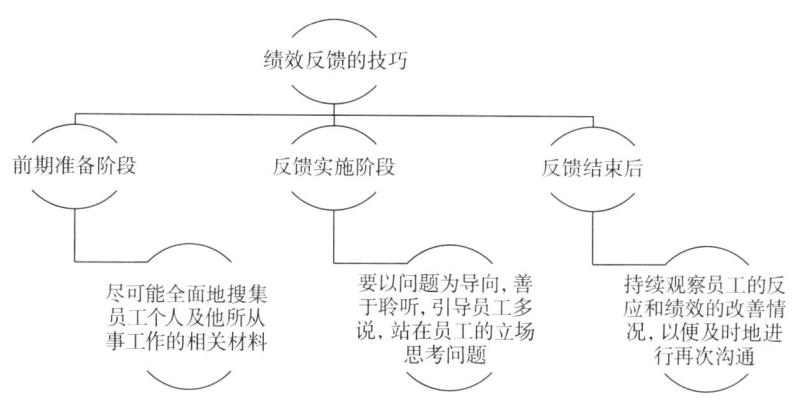

图7-3 绩效反馈的技巧

7.1.2　根据实际需求选择绩效反馈方式

通常，绩效反馈的方式主要有团队反馈和"一对一"反馈两种形式。团队反馈，指的是由负责人一个人给多名员工进行绩效反馈；"一对一"反馈则是只面对一名员工进行绩效反馈。相比较来说，"一对一"的反馈难度相对较大。在实际的绩效反馈过程中，管理者最不擅长的往往是直接告诉对方"你做得真好，我真为你感到骄傲"，或者直接表示"你这件工作做得不好，你真让我感到失望"。

两种绩效反馈方式所适合的实际情况不同，团队反馈主要适用于相对简单的绩效反馈，并且对每名员工所要反馈的内容都大致相同；而一对一反馈则主要适用于内容较为复杂的绩效反馈，需要与员工进行深入谈话。

7.1.3　依据绩效反馈特征做好绩效反馈

绩效反馈的重点是中层管理者要与员工就此次的绩效考核结果做好沟通，双方的谈话质量高低，对绩效反馈的效果有着直接影响。所以，要想做好绩效反馈，重点就是要保证双方谈话的和谐性与有效性。

张玲在 H 公司任销售部主管，在对员工做绩效反馈时，她总是无法取得理想的效果。但实际上，很大一部分原因就是因为张玲与员工沟通过程中氛围不和谐。在与员工沟通时，她总是带有个人情绪。例如，当看到员工在工作中出现了一些问题时，张玲并不是就员工的错误进行客观描述，而是用非常厌恶的语气斥责员工："你看看你，这么简单的错误都犯。这个工作不是这么做的，而是应该……这点工作你都做不好，还能做什么啊，我以后怎么敢把工作交给你啊！"这样的反馈方式会让员工感觉到自尊心受挫，不仅无法提升工作积极性，反而会在之后的工作中变得更加没有信心。

所以,我们在做绩效反馈时,应该掌握绩效反馈的特征(见图7-4),才能取得较好的反馈效果。

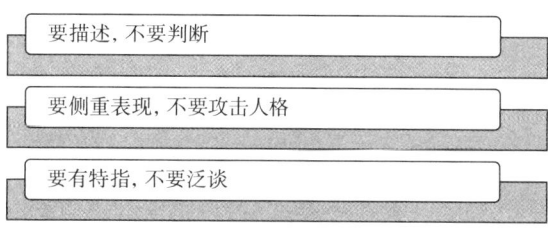

图7-4 绩效反馈的特征

7.2 依据绩效反馈原则,强化绩效反馈效果

绩效反馈是绩效考核的最后一步,由员工与管理者共同针对绩效考核结果进行回顾和讨论。通过绩效反馈,可以让员工清楚了解自己的绩效成绩以及在工作中表现出的优点和缺点,并及时纠正其中发现的不足。此外,对员工实施一定的激励、奖惩、培训,对增强绩效管理效果、提升工作效率与工作质量具有至关重要的作用。但是,在实际的绩效考核中,绩效反馈并没有引起很多中层管理者的足够重视,导致绩效反馈并没有发挥其应有的作用。所以,为了保证绩效反馈能发挥出应有的作用,就要在过程中遵循一定的原则。

7.2.1 经常性原则

很多中层管理者在绩效反馈方面存在误区,认为绩效反馈一定是整个绩效管理结束之后再进行反馈。所以,根据绩效管理的周期,绩效反馈通常一年只进行一次。但实际上,如果绩效反馈一年只进行一次,那么对于绩效管理过程中所发现的问题就无法及时纠正,从而加大问题造成的损失

率,并且员工在一年之中也无法了解自己真实的工作情况,无法获得真正意义上的成长。所以,绩效反馈应该遵循经常性原则,避免一年只进行一次,将定期或者不定期的绩效反馈贯穿于整个绩效管理过程中。

经常做绩效反馈可以起到两个方面的作用(见图7-5)。

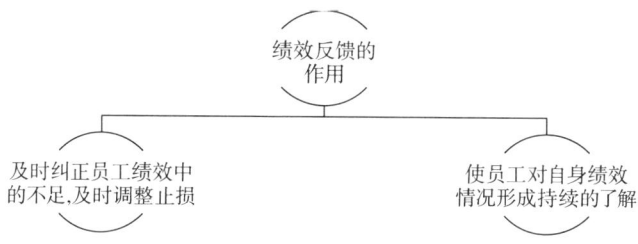

图7-5 绩效反馈的作用

7.2.2 对事不对人

绩效反馈的内容应该是讨论和评估员工的工作行为和工作绩效。但在进行绩效反馈时,很多人都将绩效反馈的重点放在了讨论员工的性格特点上。而这样的做法非但不能让员工认识到自己在工作中的不足,还容易伤害员工的自尊心,使员工产生逆反心理,更加不接受上司所提出的意见或者建议。

为了避免上述问题的发生,在进行绩效反馈时,要遵循"对事不对人"的沟通原则。将绩效反馈的重点放在员工的工作行为和工作绩效上,避免讨论员工的性格特点。即使在讨论员工的工作表现时,必要的情况下会对员工的性格特点有所涉及,也要注意把握沟通的分寸。

例如,在对员工的工作成绩进行反馈时,发现是由于员工性格内向,不愿与客户沟通,所以才导致其工作业绩不理想。在这样的情况下,需要指出性格内向、不愿与客户沟通这些影响绩效的关键性问题。但仍然要把握一定的分寸,在指明缺点的同时,避免将绩效反馈变为人身攻击。

7.2.3 多问少讲

进行绩效反馈时,通常已经对员工的工作行为和工作绩效有了完整的认识,但为达到绩效反馈要帮助员工提升绩效的目的,我们就要擅长在绩效反馈中扮演员工的"帮助者""工作伙伴"等角色。所以,为了更好地帮助员工,在绩效反馈中要遵循"多问少讲"的原则。只有给员工充分的时间表达自己的意见,才能真正了解员工的问题、需求,以便为其提供更好的帮助。

在绩效反馈时,可以遵循"二八法则",将整个沟通过程中80%的时间留给员工充分表达自己的意见,而留下20%的时间给自己表达和帮助员工想对策。与考核人相比,员工是最了解自己工作的人,其中具体存在什么样的问题,员工自己要清楚得多。所以,在绩效反馈的过程中,要多向员工提问题,并留给员工充分的时间回答问题。在多问少讲的过程中,对员工的工作实现深入了解。

7.2.4 着眼未来

绩效反馈是对员工过去一段时间内的工作绩效所进行的回顾和评估。但并不是整个绩效反馈过程都只是围绕员工过去的工作绩效展开。很多人在做绩效反馈时,将整个反馈过程当作对员工过去行为的总结大会,绩效反馈名不副实,自然起不到正面的效果。其实,绩效反馈的最终目的是通过对员工过去一段时间内工作行为的分析总结,找出存在的问题,为之后的工作提供借鉴。

为此,在进行绩效反馈时,要遵循"着眼未来"的原则。避免将绩效反馈的全部时间都用来回顾之前的工作行为。要从员工的绩效考核结果中寻找其存在的问题,并帮助员工寻找解决办法,制订接下来的工作发展计划。只有将绩效反馈的最终落脚点放在如何提升员工未来的工作业绩上,绩效反馈才能真正发挥作用。

7.2.5 正面引导

对员工进行绩效反馈的最终目的是要帮助员工提升工作业绩。所以，在绩效反馈过程中，要坚持正面引导的沟通方式，不能借此宣泄对员工工作业绩的不满，一味地贬低员工。这样的反馈方式即使帮助员工找出了解决问题的方法，也会让其感觉到自尊心受挫，降低工作积极性。

所以，要想通过绩效反馈提升员工的工作绩效，就必须要掌握沟通的技巧，在沟通过程中，尽量做积极正面的引导。例如，当员工的工作业绩不理想时，尽量用鼓励的方式表达自己的意见，告诉员工"你能行"。通过这样正面引导的方式，既能帮助员工找到解决问题的方法，又能提升员工的自信心。

7.3 掌握 BEST 反馈法，走出负面反馈的误区

负面反馈，指的是中层管理者通过绩效反馈中与员工的沟通交流，指出员工在工作中的不佳表现。负面反馈是一个反映问题的过程，其最终目标是让员工明确自己在工作中存在的问题并加以改正，使员工个人和部门整体的绩效得到改进和提升。负面反馈几乎存在于任何一个绩效反馈中。恰当的负面反馈能够帮助员工认清问题，改进工作；反之，不仅影响考核人透过问题看本质，去反思员工绩效差背后的根源，也会让员工因无法认识到错误，而迷失工作方向。所以，在进行绩效反馈时，要走出负面反馈的误区。

关于如何做好负面反馈，企业可以通过 BEST 反馈法进行。所谓 BEST 反馈法，又称"刹车"原理，是指在考核人指出问题所在，并描述了问题所带来的后果之后，在征询员工的想法时，不要打断员工，适时地"刹车"。然后，以聆听者的姿态，听取员工的想法，让员工充分发表自己的见解。当员工充分发表自己的意见之后，中层管理者再根据员工所发表的意见做点评总结。

7.3.1 先认识误区,再实行 BEST 反馈法

在使用 BEST 反馈法之前,首先要认识到负面绩效反馈的误区。现今,部门管理乃至企业管理中所进行的负面绩效反馈都存在着很多误区,导致负面绩效反馈的效果受到了严重影响。不仅无法发挥出应有的作用,有时甚至会产生与预期相反的结果。所以,在做负面绩效反馈时,首先要正视并且逐渐走出负面绩效反馈的误区。总体来说,负面绩效反馈的误区主要有以下三种:

第一种,为避免产生不良情绪而刻意回避问题。在负面绩效反馈中,一个非常突出的问题就是管理者刻意回避。

杨先生是一家著名企业的中层管理者,在工作中,杨先生能够从容面对发生的各种问题。但是,对于负面绩效反馈,杨先生倍感为难。每次在对员工进行负面绩效反馈之前,杨先生总是要做长时间的自我心理建设,不仅需要处理员工在绩效反馈中的强烈情绪,还要处理自身的内疚、恐惧等情绪。为了避免这样的情况发生,杨先生总是在绩效反馈中尽量避免提及员工存在的问题。但是,他的这种做法并没有起到积极的作用,反而使员工和部门内存在的问题像滚雪球一样越滚越大,问题越来越严重。

实际上,杨先生的案例并不是个例,这样的情况存在于很多中层管理者实际的绩效反馈中。但是,为了避免产生负面情绪而刻意回避工作中存在的问题,只会导致问题加剧,最终造成更加严重的后果。世界知名的电池和便携式照明设备生产商美国劲量公司 HR 纳拉·格林菲尔德表示,开展负面绩效反馈有助于翻开企业发展的崭新一页,而回避问题则会使企业裹足不前。部门内部也是如此。

第二种,反馈简单、粗暴导致员工产生受害者心态。很多考核者在进行负面绩效反馈时,看到员工在工作中暴露出的问题,缺乏耐心指导,一

味严加指责,有时甚至将员工骂得狗血淋头、颜面扫地,使得下级人人自危,惶惶不可终日。

很多考核人认为只有这样才能发泄自己对员工的不满,也只有这样,自己才能在员工心目中树立威信,强调绩效考核的严肃性。但是,实际上,负面绩效反馈时的简单粗暴,不仅无法帮助员工提升绩效,还会让员工产生受害者心态,对上级提出的意见或者建议产生逆反心理。

第三种,反馈笼统模糊。在对员工做绩效反馈时,避免由于意见过于笼统,导致出现员工无法准确理解上司的意见,也不知道具体应该怎样调整的现象。例如,在针对员工的工作中出现的错误做负面绩效反馈时,不要说:"你到底是怎么工作的?总是一而再、再而三地出现错误,就不能认真一点吗?"这样的反馈方式就过于笼统。而如果将反馈方式改为:"我觉得你现在工作中出现的错误很多,而且很频繁。例如,上次的报表中由于你的疏忽出现了数据错误,而这次所做的报表中同样存在着数据错误。"通过这样具体的反馈,能够让员工清楚地认识到自己存在的问题。

7.3.2 BEST 反馈法做好负面绩效反馈

BEST 反馈法做负面绩效反馈的流程如下(见图 7-6)。

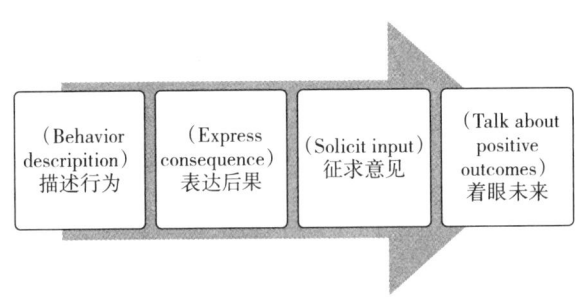

图 7-6 运用 BEST 反馈法的反馈流程

例如,在针对员工小李工作报表中出现数据错误的事情,对其进行负面绩效反馈时,大致的流程如下:

第一步，描述员工的行为："小李，你这次做的报表中出现了一个严重的数据错误。"

第二步，表达后果："因为你的数据错误，导致后期做预算出错，最终全部工作都要推倒重来。"

第三步，征求意见："针对你出现的这个失误，你有什么意见？"

小李："……"

第四步，着眼未来："很好，我同意你的改进意见，那就按照你的意见改进吧。在以后的工作中千万不能再出现这样的错误。"

通过这样的负面绩效反馈，能够客观地让员工认识到自己在工作中存在的问题，并且给了员工寻找改进方式的机会，帮助其改善不足、提升工作绩效。这样客观的描述能够最大限度地减少绩效反馈中可能产生的负面情绪，保证了反馈的实施效果。

此外，在遵循BEST反馈法做负面绩效反馈的时候，还应注意以下四点（见图7-7）。

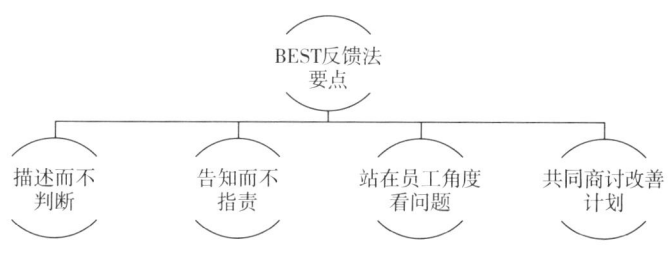

图7-7 BEST反馈法要点

7.4 加强信息对称，保证绩效信息均衡分布

在实际的绩效管理中，考核人与被考核者之间总是存在着一定程度上的信息不对称，而这种信息不对称往往会对员工的绩效行为产生影响。虽然绩效计划的制订阶段，是与员工共同商讨确定的，但在绩效评估流程中，我们与员工之间仍旧存在着很大程度的信息不对称。对于员工绩效行为的评估，基本上由考核人"一手包办"，即使在360度绩效评估中会加入员工的自评内容，但是作为评估对象，员工仍然处在不完全信息的环境中。

在绩效评估过程中，虽然员工会对自己的工作情况有一定的了解，但自己的上级是否了解自己的实际工作绩效、绩效目标的达成度以及绩效评价的结果，员工都无从得知。即使员工通过绩效反馈对自己的绩效情况有了一定的了解，但是在绩效反馈的过程中，员工与我们之间对反馈的时间、地点、方式、程序、气氛、内容，甚至反馈出现的和谐与对立、结局等方面，总存在信息不对称的情形。

在信息不对称的情况下，员工可能会因为处于信息不完全的劣势地位，导致其在工作中做出非理性的行为，破坏事先达成的绩效契约，对绩

效管理的结果产生负面影响。所以，为了避免这种情况，在绩效反馈中要加强信息的对称，保证绩效信息的均衡分布。所有中层管理者在绩效反馈的过程中也要依据 SMART 原则，加强与员工之间的沟通，保证沟通的经常性、及时性，通过绩效反馈，不断提升员工的关注层级。

7.4.1　S——Specific

绩效面谈的内容要具体、真实，避免过于宽泛，缺少实质性内容。如果绩效反馈的内容过于宽泛，员工就无法通过绩效反馈了解自己真实的绩效考核结果以及工作情况。所以，在绩效反馈中，首先要做到内容具体、真实。在向员工做绩效反馈时，无论是表扬还是批评，都应该以具体的事件为依据。以事实情况为依据，让员工清楚自己的优势与不足。在这个过程中，如果员工对上级领导所做的绩效反馈结果存在异议，也应该清晰、明确地表达自己的观点，同样以事实为依据，对考核人所反馈的绩效考核结果进行反驳。总而言之，双方只有将绩效反馈的内容做到具体、真实，才能真正实现双方的信息对称。

7.4.2　M——Motivate

即绩效反馈应该有明确的动机，并且整个绩效反馈的过程应该是积极的。正确的绩效反馈应该是一个双向沟通的过程，但很多考核人在做绩效反馈时，将这个过程变成了一个单向沟通的过程，全程由考核人将绩效考核结果告知员工，并根据员工的绩效考核结果进行评价，而员工的实际意见却没有机会得到充分表达，这也是造成信息不对称的一个重要原因。

为了保证信息的对称性，在绩效反馈过程中，要打破以往绩效反馈的思维定式，改变自己下指令的角色，给员工发表意见的机会，保证员工的意见能得到充分表达，并对员工提出的正确意见及时予以肯定。只有在一个平等交流的环境中进行绩效反馈，才能使双方的意见得到充分表达，最大限度地理解对方的意见，从而实现信息对称。

7.4.3 A——Action

即绩效反馈的重点应该是员工在工作中表现出的具体行动。一些中层管理者在做绩效反馈时，会将反馈讨论的重点放在员工个人的性格上，而忽视了员工在工作中的实际表现。这样的反馈方式对绩效的提升没有任何作用，并且会伤害员工的自尊心，进而降低员工的工作积极性。

所以，在绩效反馈时，应该将谈话的重点放在员工的工作表现上，不要评价员工的个人性格。通过对员工的实际工作行为的探讨，找出其在工作中存在的不足之处，帮助员工改正不足，提升工作绩效。

7.4.4 R——Reason

即在绩效反馈时分析员工产生最终绩效行为的原因。在绩效反馈中，当看到员工的绩效考核结果不理想时，往往会不问原因，直接批评员工。而员工出于自卫心理，或者认为自己很委屈，便会对上司的批评做出抵抗反应，随即使绩效反馈处于一个双方僵持的状态。这样的绩效反馈过程不仅无法加强与员工之间的沟通交流，实现信息对称，还会影响员工的工作热情。

所以，为了避免上述的情况，要从了解员工工作的实际情形和困难入手，分析绩效未达成的种种原因。当给予员工充分的理解之后，再提出的意见或者建议，员工会更加容易接受，沟通交流也会变得顺畅。

7.4.5 T——Trust

即与员工之间要相互信任，没有信任，交流就失去了意义。缺乏信任的绩效反馈会使双方都会感到紧张、烦躁，不敢放开说话，充满冷漠、敌意。要想做到理解、达成共识，就必须营造彼此互相信任的氛围。我们应该多倾听员工的想法与观点，尊重对方；向员工沟通清楚原则和事实，多站在员工的角度，设身处地为员工着想，勇于当面向员工承认自己的错误与过失，努力赢取员工的理解与信任。

7.5 掌握技巧,让绩效面谈不再尴尬

绩效面谈是绩效管理中一个非常重要的环节,对绩效反馈的效果以及之后的绩效改进具有重要意义。绩效面谈的内容应围绕员工上一个绩效周期的工作开展,一般包括工作业绩、行为表现、改进措施、新的目标四个方面的内容。很多管理者或部门负责人在与员工进行绩效面谈时,缺少一定的方法,导致面谈现场一度很尴尬,也使得很多考核人对绩效面谈唯恐避之不及。但其实只要掌握一定的方法与技巧,就可以让绩效面谈顺利进行,不再尴尬。

7.5.1 选择恰当的时间与场所

绩效面谈是双方就员工个人的绩效考核结果进行探讨的过程,只有在合适的时间与场所中,双方都达到一个舒服的状态,绩效面谈才能顺利进行。所以,进行绩效面谈之前,选择恰当的时间与场所至关重要。

第一,选择合适的时间。由于面谈需要双方静下心来,就员工的绩效考核结果进行深入的探讨。所以,绩效面谈时要保证双方都有足够的时间

进行探讨，避免绩效面谈成为"走马灯"。在选择绩效面谈的时间时，要避开上下班、开会等可能使人分心的时间段，与员工事先商讨双方都能够接受的具体时间。

第二，选择合适的场所。在选择绩效面谈的场所时，要选择相对安静的场所，保证谈话不受外界因素的干扰。通常，绩效面谈的场所要远离办公室，选择相对安静、轻松的小会客厅等不容易被人打扰的场所。

7.5.2 认真倾听员工的解释

很多时候大家可能对绩效面谈存在一定的误解，认为绩效面谈就是要针对员工在工作中出现的错误进行批评教育。导致常见的绩效面谈中总是考核人抓住员工的错误喋喋不休，连指责带命令，最终使绩效面谈成为了员工的"批判大会"。

中层管理者在绩效面谈时要认真倾听员工的解释，尽量撇开自己的偏见，控制情绪，耐心地听员工讲述，并不时地概括或重复对方的谈话内容，鼓励员工继续讲下去。这样往往就能更全面地了解员工绩效的实际情况，帮助其分析原因。

在与员工面谈时，可以先跟员工谈一些工作以外的事情，如喜欢看的电影，或者是上下班挤车时候的情形。消除员工的紧张感之后，再进入主题，面谈的效果会有明显的提升。

7.5.3 对员工提一些开放性问题，调动员工的积极性

在与员工进行面谈的过程中，为了保证面谈的效果，达到提升员工工作能力的作用，就要尽可能地让员工表达自己的意见，深入认识并了解每一名员工。如果跟员工进行绩效面谈时，总是向员工提一些闭合性问题，员工只能回答"是"或者"不是"，完全没有机会完整表达自己真正的想法。就无法对员工形成一个整体的、深入的认识，自然也就无法针对每一名员工的具体特点提出一些具有建设性的意见，帮助员工进步。

所以，中层管理者在与员工进行绩效面谈时，要多向员工提一些开放性的问题。通过这些开放性的问题，激发员工的兴趣，消除员工的戒备心理，最大限度地调动员工的积极性。例如，可以向员工提一些类似于"你对咱们刚刚完成的这个工作项目有什么看法？在完成项目的过程中，有哪些优点和缺点？"的开放性问题，员工则可以针对问题，全面地表达自己的意见，不仅可以使我们更加了解员工，还可以使员工在表达意见的过程中锻炼自己的表达和逻辑思维能力。

7.5.4　给员工台阶下

面谈的一个重要内容就是指出员工在工作中的不足，这个过程如果表达不当，就会让员工下不了台。为了避免面谈过程中的尴尬，让面谈能够在和谐的氛围中进行，我们要学会给员工台阶下。当员工已经认识到自己的错误，并且已经表现出了一定的羞愧感时，就要停止继续追问，转而想办法帮员工挽回面子。例如："我记得以前这一项你们做得相当棒，这次可能是大意了。"员工会随口说："是啊，是啊。"这样，一方面给员工搭了个"台阶"，使其对上司心存感谢，同时又引导员工承认自己的不足，可谓一举两得。

7.5.5　以积极的方式结束面谈

以积极的方式结束面谈，能够保证绩效面谈的内容在之后的工作中发挥持续性作用。反之，如果绩效面谈结束时仍存在分歧，则会对之后的工作产生不利的影响。所以，在绩效面谈的结尾，应该对员工在工作中的付出予以肯定，并且总结本次面谈的内容，鼓励员工，并且告诉对方自己真诚地希望他们能够在之后的工作中避免之前所出现的错误，提升自己的工作绩效。与此同时，还可紧握员工的手，或拍拍对方的肩，语气亲切而诚恳地说"所有的问题都能解决，真令人高兴"或"辛苦了，好好干吧"，这可以使面谈更加完美。

中层抓绩效　　**基层**出结果

掌握一定的面谈小技巧,能够保证绩效面谈从开始到结束,都处在一种和谐的氛围中。通过对员工工作绩效的深入探讨,我们可以了解员工真实的想法,为其之后的工作提供一定的建设性意见,帮助员工提升自己的工作业绩。

7.6 用绩效申诉保障绩效的公平性

所谓绩效申诉，指的是在绩效管理过程中，如果员工对本人、本单位或他人的绩效评估结果及过程有异议，通过绩效管理系统内"员工绩效申诉流程"，向本部门绩效管理小组、检查小组提出申诉的过程。在绩效管理过程中，可能会由于各种原因导致员工最终的绩效考核结果并不是特别准确。当员工认为自己的绩效考核结果有问题时，则可以通过绩效申诉流程提出申诉，从而要求重新检验、修改自己的绩效考核结果。绩效申诉有效保障了绩效管理的公平性，是绩效管理中的重要一环。作为中层管理者，在员工提出绩效申诉时，要做好协调与调整。

7.6.1 明确绩效申诉的流程，让员工知道如何申诉

绩效申诉是保证绩效公平的重要方式。做好绩效申诉是维护绩效管理公平的最后一道屏障。中层管理者要明确绩效申诉的主要流程和涉及人员。

首先，在明确绩效申诉是在被考核者对绩效考核结果有异议的情况下

提出。员工进行申诉,由人力资源部协调处理员工的申诉,并给予员工解决的方案。从这一定义中可以看出,绩效申诉涉及的对象主要包括被考核的员工个人、负责绩效考核工作的中层管理者以及企业中的人力资源部门。实施绩效申诉的最终目的是要确保部门考核的公平、公正和客观,保障员工的合法权益,培养积极向上的团队氛围,并且对有偏差的员工绩效考核及时纠正并追究相关人员责任。在明确了绩效申诉所涉及的人员以及最终的目的后,中层管理者才能进行接下来的工作。

其次,中层管理者应该明确绩效申诉的主要流程(见图7-8)。

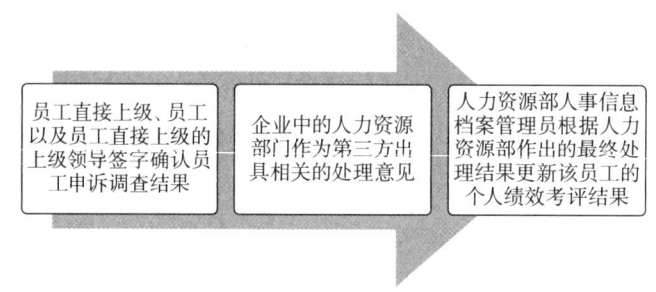

图7-8 绩效申诉的主要流程

中层管理者在明确了绩效申诉的主要流程之后,一旦有员工提出了绩效申诉,就要严格按照绩效申诉的流程进行。

在进行绩效申诉的过程中,要严格按照既定的绩效申诉流程进行,体现绩效申诉的公平性与公正性。其中,上文所提到的《员工申诉表》具体样式如下(见表7-1)。

表7-1 员工申诉表

申诉人姓名		所在部门		工作岗位	
申诉事项、申诉理由			申请日期:		
人力资源部门调查情况			签名:	年 月 日	
处理结果			签名:	年 月 日	
审批意见			签名:	年 月 日	

在进行绩效申诉时,中层管理者要保证员工严格按照规定填写《员工

申诉表》，遵守绩效申诉的相关流程，根据员工所填写的《员工申诉表》进行标准的绩效申诉。并且，在绩效申诉的过程中，员工对绩效考核的结果有异议时，可以提出申诉，人力资源部受理申诉后，必须分不同场合向被考核者、考核者和考核者的上级领导了解情况，以确保所了解的信息真实、客观；人力资源部应于下一个员工绩效考评周期结束前解决员工的绩效考核申诉。

7.6.2 将绩效考核纳入绩效约定与绩效沟通

只有当绩效考核结果产生异议时才会启动绩效申诉，而绩效考核结果产生异议的重要原因就是在绩效管理过程中缺少绩效约定和绩效沟通。所以，中层管理者在处理绩效申诉时，一个重要的方法就是要保证绩效流程必须纳入绩效约定与绩效沟通。

很多中层管理者在进行绩效管理时，总是将绩效管理的重点放在打分上，甚至量化得都非常全面。但是，实际上，各项绩效指标的设定都只是由上至下的强制分布，没有由下至上的约定反馈。当员工在完成工作之后，如果出现了未达标的情况，则变成了正常的现象。员工的工作利益得不到保障，从而引发了一系列的申诉，甚至离职。并且，在绩效管理过程中，没有绩效沟通，所有的指标设计以及绩效评估只是"一言堂"。中层管理者与员工缺少必要的沟通，导致绩效流于形式，负面影响颇大，异议投诉满天飞。总而言之，员工对于绩效考核结果产生异议，导致绩效申诉的一个重要原因就是在绩效管理的过程中缺少绩效约定和绩效沟通。所以，中层管理者要在绩效流程中纳入绩效约定与绩效沟通。

在绩效流程中纳入绩效约定与绩效沟通，就要求中层管理者在设置绩效管理流程时，在绩效管理的各个环节做好绩效沟通，保证中层管理者与员工之间的信息透明性与实时性，避免出现信息偏差。只有做好绩效约定和绩效沟通，才能有效减少员工对绩效考核结果的异议，从而减少绩效申诉。

7.7 表扬、批评双管齐下,让"1+1>2"

通常,根据反馈的维度,绩效反馈可以分为正面反馈与负面反馈两种形式。正面反馈就是对员工的工作行为进行表扬,而负面反馈则是对员工的工作行为进行批评。无论是正面反馈还是负面反馈,都会对员工之后的绩效考核产生一定的影响。有些时候,惩罚能让人改正错误,而有些情况下却让人萎靡不振,产生"破罐子破摔"的心态。反馈对绩效考核的影响十分复杂。中层管理者只有综合运用正面反馈与负面反馈两种方式,表扬与批评双管齐下,才能提升员工的绩效效果。

7.7.1 用表扬表达对员工的认同

总体来说,表扬这种正面反馈的方式主要是针对员工在工作中有了出色的表现、取得的理想业绩所做出的反馈,用表扬的方式对员工的行为进行直接的认同和赞扬,从而有效提升员工的工作积极性。

很多时候,大家可能会存在这样一个误区,认为员工在工作中的突出表现是理所应当的。所以,即使员工在工作中取得了理想的业绩,也会选择视而不见,不采取激励行为。久而久之,这样的管理方式会慢慢消磨员工的工作积极性,不利于员工个人与团队的长远发展。所以,在对员工做出绩效反馈时,对员工在工作中出色的表现,应该予以适时的表扬。

埃伦娜是一家化妆品公司的销售部经理。在对员工进行绩效管理的过程中,埃伦娜非常注重绩效反馈环节。她认为,当员工取得了优秀成绩时,及时地表扬,能够有效提升员工的积极性。所以,在进行绩效反馈时,埃伦娜会仔细分析员工的绩效考核结果,当发现员工在工作中有比较好的工作表现时,总是会及时表扬员工。

例如,对一个严格按照工作计划完成工作的员工,埃伦娜会这样表扬他:"我觉得你在这次的工作中表现非常好,特别是能够严格遵守我们事先制订的工作计划,不出差错地按时完成。严格按照计划工作的行为,不仅保证了你个人的工作业绩,还保证了我们整个团队的工作能够按时完成。希望你在今后的工作中还能够保持这样良好的工作态度。"通常,员工听完经理对自己的表扬后,都能感到经理对自己工作的认可,从而在之后的工作中更加努力。

从销售经理埃伦娜对员工进行绩效反馈时的做法可以看出,当员工在工作中取得一定的成绩时,中层管理者要及时表扬员工。并且,在表扬员工时,还应该注意以下三个问题(见图7-9)。

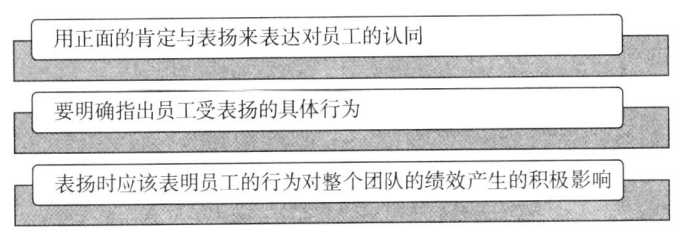

图7-9 表扬员工时应该注意的问题

7.7.2 用批评指出员工的错误

在进行绩效反馈时,除了要对员工所取得的成绩做出肯定,更加关键的是要指出员工在工作中的失误。只有让员工清楚知道自己在工作中的失误,才能保证在之后的工作中避免出现类似的问题,从而达到提升工作业绩的目的。如果在绩效反馈中只是一味地表扬员工,对于员工的不足之处却避之不谈,那么员工就无法深刻认识到自己的错误,也就无法在之后的工作中改正,绩效反馈也就失去了意义。

约翰逊是一家外资企业的中层管理人员,他一部分的工作就是要对员工进行绩效反馈。但由于他在绩效反馈时批评员工的方式不合理,最终不仅没有提升员工的工作业绩,反而降低了员工的工作积极性。在进行绩效反馈时,约翰逊只要发现员工的错误,就会对员工破口大骂。无论员工是由于什么原因出现了失误,约翰逊都会指责员工说:"你真是个废物,这么简单的工作都做不好,公司是不会养着你这样低智商的人的!"员工听到这样的斥责,不仅没有机会解释出现错误的原因,自尊心也受到了极大的伤害。

合理善意的批评能够帮助员工认识到自己的错误,并在之后的工作中努力改正。而像约翰逊那样的批评,不仅无法提升员工的工作业绩,还会伤害员工的自尊心。值得注意的是,绩效反馈中的批评并不是一味地谴责员工,其最终目的是要让员工认识错误并改正错误,从而提升工作业绩。所以,在批评员工时,应该注意以下三个问题(见图 7-10)。

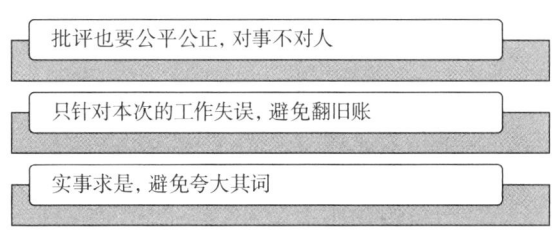

图 7 - 10　批评员工时应该注意的问题

7.7.3　汉堡包法：表扬 + 批评 + 表扬

一个好的绩效反馈的流程不可能只有表扬，也不可能只有批评。为了保证绩效反馈的效果，通常需要表扬与批评双管齐下。

即汉堡包法，一种"表扬 + 批评 + 表扬"的绩效反馈方式。首先要肯定员工之前一段时间的工作成绩，对员工作出一定的表扬；其次就要针对员工在绩效考核结果中反映出的问题作出批评，让员工认识到自己存在的问题；最后，还要对员工作出一定的表扬与激励，保证其能够有足够的信心进入下一阶段的工作。总体来说，可以按照以下流程进行反馈（见图 7 - 11）。

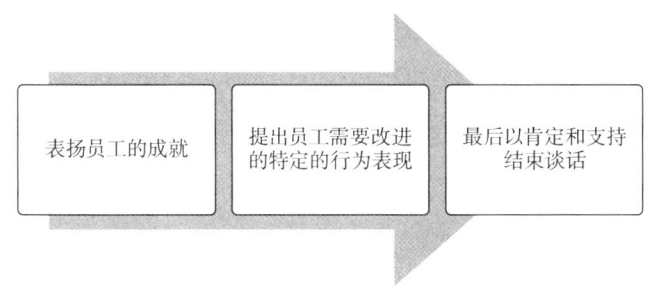

图 7 - 11　"汉堡包法"绩效反馈的流程

第8章

考核结果应用：
中层抓考核，基层出结果

  绩效考核对于提升管理水平和工作业绩具有至关重要的作用。但是，要想让绩效管理真正发挥出应有的作用，有赖于绩效考核结果的合理应用。如果绩效考核结果无法应用在实际的部门管理中，无法为部门管理的业绩改善提供相应的依据，绩效考核结果也就失去了其根本价值。所以，如何让绩效考核结果真正为企业管理服务，需要中层将此作为重要课题来思考。

8.1 绩效管理是过程，结果应用是目的

要想绩效管理能够真正发挥作用，必须依赖于绩效考核结果在企业管理各个方面的实际应用。正是因为绩效管理结果的应用，给部门的各项管理事务提供了决策依据，才使得中层管理者能够做出正确决策，为中层管理提供各种借鉴、依据。如果绩效管理只有过程，而绩效考核结果却没有真正应用到部门管理中，那么绩效考核结果就无法为中层管理的决策提供依据，绩效考核结果也就对企业管理没有任何实际意义。所以，只有将绩效考核结果应用在部门管理的实际当中，才能让绩效考核结果发挥出真正的作用。

8.1.1 将绩效考核结果与部门管理相结合，提升管理水平

只有将绩效考核结果与部门管理相结合，才能让绩效结果为部门管理服务，提升管理水平。但是，实际上，很多中层管理者都无法将绩效考核结果运用在企业管理当中，其原因有二：一是不重视。忽视绩效考核结果的作用，认为得出绩效考核结果，就完成了绩效管理的整个过程。二是认

识不到位。对绩效考核结果应用的认识不到位，导致绩效考核结果只应用在了很少的方面，而没有使绩效考核结果的作用得到充分发挥。

菜文是一家食品生产企业的生产部经理，为了提升工作水平，他在生产部内部实行了绩效管理。在实施绩效管理时，菜文非常注重对绩效管理过程的控制。由于事先制定了完善的绩效管理体系，在过程中又加以控制，所以生产部最终得出的绩效考核结果非常合理。但是，菜文认为得出绩效考核结果就已经完成了整个绩效管理过程，所以并没有对绩效考核结果做进一步的分析、应用，而是放到了一边。

经过一段时间后，菜文发现部门的工作效率和管理水平并没有明显的提升。他很是疑惑，在绩效管理中明明将整个过程都控制得很好，为什么工作效率却并没有明显的提升？经过不断地分析、总结，他最终发现，之所以工作效率没有明显的提升，是因为绩效考核结果没有得到充分的应用。虽然通过绩效管理得出了合理的绩效考核结果，在绩效管理过程中，生产部的管理制度和生产人员的工作行为都得到了一定的规范，但是在提升整体工作效率方面做得仍然不够。由于绩效考核结果没有应用于企业管理，所以在做决策时缺少依据，所做出的决策也并不合理。

为了改变这样的情况，菜文决定将绩效考核结果充分应用于生产部的管理中。也正是因为绩效考核结果应用在了实际管理中，使得菜文在做任何决策时，都能以绩效考核结果为依据，保证所做出的决策是合理的。

8.1.2 科学应用绩效考核结果，将绩效考核结果的作用最大化

绩效考核结果对于提升部门的管理水平具有非常重要的作用。但是，科学应用绩效考核结果，才能发挥出绩效考核结果的最大作用。很多管理者虽然认识到了绩效考核结果应用的重要性，希望通过将绩效考核结果应用在自身部门管理中以提升管理水平，但由于缺少相应的方法，导致绩效

第8章 考核结果应用：中层抓考核，基层出结果

考核结果应用不当，使得绩效考核结果无法发挥出应有的作用。

在绩效考核结果应用的过程中，应用不科学的表现主要有以下两点：

第一，应用力度不够，不疼不痒。虽然将绩效考核结果做了一定的应用，但是应用的力度并不够。例如，将绩效考核结果应用在员工奖惩方面，根据绩效考核结果的高低对员工进行相应的奖惩，但由于奖惩的力度并不够，无法对员工起到激励或者震慑的作用，不能引起员工的重视，也使得绩效考核在员工心目中变得可有可无，失去了威信。

第二，挂钩方式不当。即考核项目与激励方式不匹配。例如，物质奖励应该是根据绩效考核结果对员工进行的一种关键激励方式。但是，如果将员工的工作态度、工作能力这样的概念考核与物质奖励挂钩，而忽视了员工真正的工作绩效，就等于把有限的激励资源分散了，无法实现对员工激励的最大化。

为了科学应用绩效考核结果，将绩效考核结果的作用最大化，就要做到以下三点（见图8-1）。

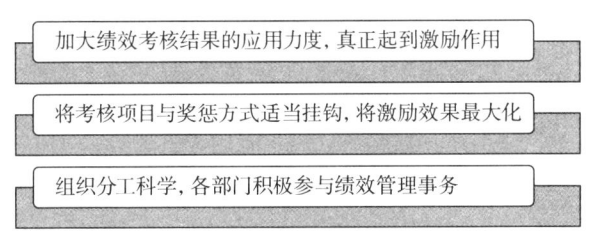

图8-1 如何科学应用绩效考核结果

8.2 拟计划：优化绩效管理

绩效考核结果有多种应用方法，对改进工作中的多个方面都有重要作用，其中一个作用就是以绩效考核结果为依据，帮助员工制订绩效改进计划，不仅可以帮助其提升工作能力，还可以为下一个绩效考核周期做准备，设立新的改进目标，让员工产生压力，努力提升自己的绩效考核结果，进而提升企业整体的工作业绩。而在制订员工绩效改进计划的过程中，需要做好以下三个方面的工作。

8.2.1 做好绩效诊断和分析，找出关键问题

绩效诊断指的是分析在绩效管理过程中，引起各种绩效问题的原因，并通过沟通寻求支持和了解的过程。绩效诊断的作用在于帮助员工制订绩效改善计划，作为上一循环的结束和下一循环的开始，连接着整个绩效管理循环，使之不断循环上升。绩效诊断主要包括直接绩效诊断与间接绩效诊断两种形式。直接绩效诊断是指对绩效管理活动中的各个环节以及相关因素进行全面分析、判断的过程；而间接诊断指的是在绩效诊断活动中，

找出绩效管理存在问题的同时，及时发现企业、组织中存在着的各种各样的问题。绩效诊断无论是对企业整体绩效的提升和员工工作的提升都有非常重要的作用。

在绩效诊断时，要找到绩效考核结果中表现出的差距与不足，可以采用以下方法（见图8-2）。

图8-2 如何进行绩效诊断分析

在针对绩效考核结果进行绩效诊断时，要遵循以上操作方法，才能保证绩效诊断结果的全面性。在梳理诊断绩效问题的思路时，要确保全面考虑主管、员工个人以及环境三种因素，然后绘制绩效诊断表（见表8-1）。

表8-1 绩效诊断表

影响绩效的维度		绩效不良的原因	备注
员工	工作技能		
	专业知识		
	工作态度		
主管	工作辅导		
	其他		
环境	内部		
	外部		

在实施绩效诊断过程中，要严格分析绩效管理的结果，并且制定绩效诊断表，为之后的绩效改进工作打下基础。

8.2.2 制订绩效改进计划

绩效改进计划是在与员工充分讨论之后,由员工自行制订的绩效工作改进计划。绩效改进计划中主要包括员工的工作能力、工作方法与工作习惯等问题。员工可以针对自己工作中仍然存在的一些问题,或者在各项工作能力已经比较完善的情况下,为自己在之后的绩效工作中提出更高的要求。值得注意的是,一个人需要改善和提高的方面可能很多,但不可能在短短半年或一年时间内全面得到改善和提高。所以在员工绩效改进计划中,应选择那些最为迫切需要改进且易改进的方面。在帮助员工制订绩效改进计划时,可以根据以下流程进行:

第一,确定绩效改进的要点。只有明确了绩效改进的要点,才能有针对性地制订绩效改进计划。通常,在选择绩效改进要点时,可以参照以下方法(见表8-2)。

表8-2 怎样选择绩效改进要点

绩效	容易改变	不易改变
急需改进	最先做	将其列入长期改进计划,或者与绩效薪酬一同进行
不急需改进	第二选择(有助于其他困难的绩效改进)	暂时不列入绩效改进计划

第二,考虑解决问题的途径。这是制订具体的绩效改进计划的"前奏"。在这一过程中,员工要向主管或者有经验的同事学习相关的工作经验,查阅资料或者参加有关的培训,增加自己的知识储备;而主管则要参加企业内外关于绩效管理、人员管理等相关的培训,向相关的专业人士学习,提升自己的管理能力;而对于工作环境,大家则可以适当调整部门内部的人员分工,或者加强与员工的交流,从而改善部门内部的人际关系和工作氛围。

第三,制订具体的绩效改进计划。内容要完善,通常绩效改进计划主要包括以下内容（见图8-3）。

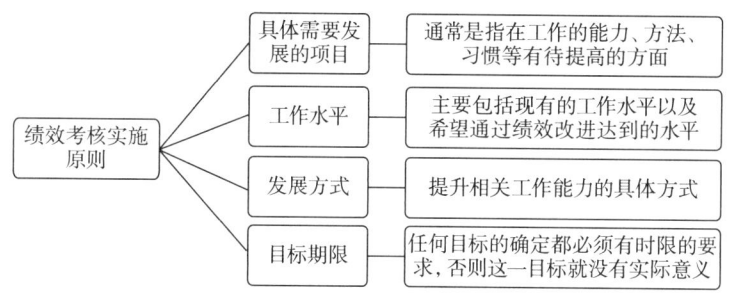

图8-3　绩效改进计划的内容

张琳是一家化妆品公司的销售主管，在对上一年度的绩效考核结果进行分析时，发现其中一个销售员小李的预期销售业绩指标为15万元，而实际销售额为16万元。在根据绩效考核结果进行分析总结时发现，小刘虽然完成了销售指标，但是仍然存在一定的问题。例如，在销售过程中，与客户的沟通缺乏技巧，专业知识仍有欠缺，并且销售报告撰写得不合格。但是，从绩效考核结果来看，其积极的方面为与同事的关系融洽，并且进步很快。为此，张琳为小刘制订了绩效改进计划（见表8-3）。

表8-3　张琳的绩效改进计划

姓名	张琳	职位	销售员
有待发展的项目	工作水平	发展方式	目标期限
客户沟通技巧	现有水平评估分数2.5分，期待分数3.5分	参与相关培训，向同事学习	2018年6月
专业知识	现有水平评估分数3分，期待分数4分	阅读相关书籍，参加相关培训	2018年6月
销售报告撰写不佳	现有水平评估分数3分，期待分数4分	向同事学习，并向主管请教	2018年6月

8.2.3　实施并评价绩效改进计划

在员工制订了绩效改进计划后，我们应该通过绩效监控和沟通，对员

中层抓绩效　　**基层**出结果

工绩效改进计划的实施过程进行控制。而这个控制的过程，就是监督员工的绩效改进计划能否按照预期的计划进行，以及员工在绩效改进过程中的实际工作情况。当发现问题时，要及时调整其不合理的计划。

在这一过程中需要中层管理者注意的是，绩效改进计划作为绩效计划的补充，同样需要评价和反馈。绩效改进计划的完成情况反映在员工前后两次的绩效评价所得到的评价结果中，如果员工在之后的工作中，相关的工作能力得到了一定程度的提升，则证明绩效改进计划取得了一定的成效。

8.3 调岗位：绘制员工综合表现图

绩效考核结果的一个重要应用方向就是应用于员工岗位的调配。以绩效考核结果为依据，可以看出员工工作能力的高低，也可以看出员工在工作中各项能力的表现。而员工的职位升降以及调配，其最主要的依据就是其在工作中的表现。这个时候，可以根据员工的绩效考核结果，绘制出员工在工作中的综合表现图，从而明显地看出员工在工作中的表现。

所以，绩效考核结果可以为员工晋升、岗位调整以及淘汰提供决策支持和依据。如果员工的绩效较出色，则可以考虑让其承担更多的责任；如果员工的绩效较差，则可以考虑通过职位调整改善他的绩效水平；如果经过多次工作调整，则绩效考核结果仍不能令人满意，就要考虑是否与其解聘。

8.3.1 建立数据库，全面记录考核结果数据

要想将员工的绩效考核结果运用于员工的岗位调配，首先要根据员工的绩效考核结果，建立一个绩效考核的数据库，全面、完整地记录每名员工的绩效考核数据，从而方便分析员工的工作情况，为之后工作岗位的调

配提供决策依据。其中，建立员工的绩效考核数据库，主要包括以下四项内容（见图8-4）。

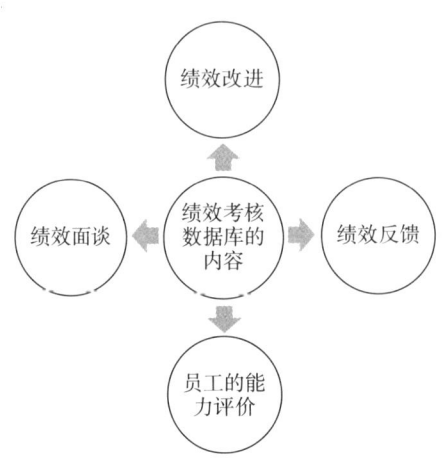

图8-4 绩效考核数据库的内容

建立员工的绩效考核数据库，并不是一项简单的工作，而是需要系统、良好的部门内部工作机制以及完善的设置，才能够建立一个完善的绩效考核数据库。当数据库搭建完成后，就可以针对员工的绩效考核结果做一个系统的统计，使之能够全面地分析员工的绩效考核结果，发现员工在工作中的各种表现，为之后的岗位调配提供依据。

8.3.2 以绩效考核结果与调岗为内容做面谈沟通

一般管理者在清楚员工的绩效考核结果，并对每名员工的各项工作情况有了详细的了解之后，就会对每名员工的具体岗位调配有一个大致的想法。在这种情况下，有的人会擅自将员工进行岗位调配，而员工由于不明白其中的缘由，难免会出现心里不服气的情况。为了避免这样的问题，我们要以员工的绩效考核结果以及调岗的初步想法为谈话内容，与员工做一次面谈沟通。在这一过程中，我们可以根据实际情况，选择一起面谈或者单独面谈等不同形式，争取与员工的想法达成一致，以获得支持和理解。

在以绩效考核结果为依据做员工的岗位调整时，如果缺少面谈沟通这一环节，就会引起员工的误解，最终影响员工岗位调配的实际执行效果。

王刚是一家医药公司的销售主管。通过绩效考核，王刚分析了销售部门每名员工的实际工作绩效，从绩效考核数据库中，他发现了不同员工在工作中的优点与缺点，故而想要对一些员工进行岗位调配，使工作能力强的员工能够升任更高的职位；而那些工作能力较弱、工作态度差的员工，则予以降职或者开除的处理。但王刚在实行岗位调配的决定时，并没有与相关的员工进行沟通，导致员工对于自己的工作调配原因一头雾水，升职的员工兴高采烈；被降职的员工却闷闷不乐，工作积极性明显降低；其中有一名员工对于自己无缘无故被辞退感到非常气愤，气冲冲地到主管办公室大闹了一场，严重扰乱了工作秩序。

之所以会出现这样的情况，就是因为销售主管王刚在实行岗位调配前，没有与员工做好沟通，员工不知道为什么公司会做出这样的决定，所以当自己的利益受损时，就会产生非常强烈的负面情绪。

为了避免出现与上述一样的问题，在实行人员调配时，要做好与相关人员的沟通，争取双方就岗位调配的具体方案达成一致意见，使岗位调配能够顺利进行。

为了使沟通面谈达到预期的效果，面谈过程中需要做好以下三个方面的内容（见图8-5）。

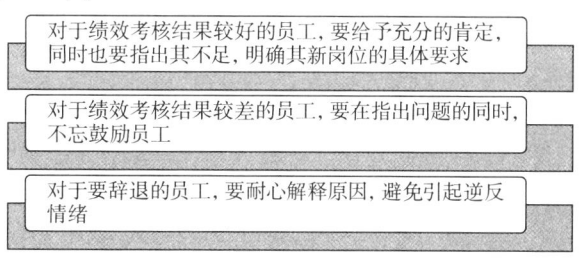

图8-5 怎样做好面谈沟通

8.3.3 严格按照相关规定履行必要的调岗程序

部门乃至企业所进行的任何行为都应该在法律允许的范围内进行。当对员工进行岗位调配时，必然会涉及员工职位的晋升、降职甚至辞退，而在这一过程中，会涉及工作岗位的变更或者劳动关系的变更与解除。中层管理者在与员工就职位的调整达成一致意见之后，在具体实施过程中，所有行为都应该合乎相关的法律规定，严格履行必要的程序。在这一过程中，面谈沟通的最终结果应该由中层管理者与员工双方签字确认，调岗或变更劳动合同关系需要员工本人同意。

如果在对员工实施岗位调配时，没有按照相关的规定履行相关的程序，则会非常容易引起员工的不满情绪，为之后的工作留下"后患"。所以，为了避免之后可能出现的一系列问题，中层管理者要严格按照相关的规定执行岗位调配。

8.3.4 做好后续跟踪，将岗位调配的效果最大化

在员工的岗位调配过程中，值得中层管理者注意的一个问题是，员工的调岗与优化并不是终点，而是一个新的起点。很多人认为，只要做好员工的岗位调配后就万事大吉了，于是便撒手不管，这无疑是一个严重的误区。

在完成员工的岗位调配与优化之后，我们要做好后续的跟踪，通过绩效管理，发现问题、找到问题，更重要的是将问题解决好。只有这样才能够将岗位调配的效果最大化。

8.4
做培训：按照绩效与培训流程图确定培训需求

著名的日本企业家松下幸之助曾经说："培训很贵，但是不培训更贵。"松下幸之助的这句话表明了员工培训对于企业发展和部门业绩提升的重要性。但是，实际上，很多企业在员工培训方面仍然存在着很多的问题，经常是花了大量的培训费用，但是成效甚微。在这样的情况下，绩效考核结果就为员工培训提供了很有意义的借鉴依据。从绩效考核结果中，可以准确发现员工的短板，在后续为员工确定具体的培训时，方向更加明确。所以，在应用员工的绩效考核结果时，我们还应该将员工的绩效考核结果应用于员工培训方面，按照绩效与培训流程图确定部门内员工的培训方向。

8.4.1 用绩效考核结果提升员工培训内容的准确性

盲目的培训，不仅无法提升绩效，而且会给企业造成培训成本的浪费，事倍功半。总体来说，在实际的员工培训中，主要存在以下问题（见图 8-6）。

中层抓绩效 基层出结果

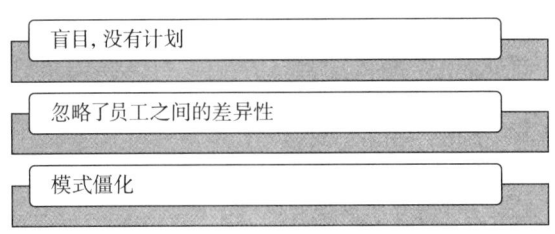

图8-6 员工培训存在的问题

员工培训中如果存在以上问题，则会给企业造成极大的资源浪费。但如果将绩效考核结果应用于员工培训中，则能够有效避免以上的问题。从绩效考核结果中发现员工存在的问题，中层管理者作为员工的直属上司，可针对员工的问题推荐其做定向培训，提升培训内容的准确性，使员工培训不再盲目。

首先，绩效考核结果能够使培训内容具有针对性。通过对员工的绩效考核结果进行分析，并与期望达到的绩效考核结果进行对比，可以找出当前的实际结果与期望结果的差距，并分析造成这一差距的原因。在这一过程中，找出员工在专业知识与工作能力上的差距，并根据这些表现出的差距设计培训方案，实现"培训员工的正是员工所欠缺的"。

其次，能够根据员工的差异性制定个性化的培训方案。不同岗位、不同的员工，其绩效考核结果是有明显差距的。通过绩效考核结果，能够分析出每一名员工在绩效管理过程中所暴露出的问题。并且通过与员工沟通，充分了解员工的差异性，从而根据每名员工的差异性制定个性化的培训方案，使培训更有效。

最后，能够将我们的注意力集中在提升员工的个人能力上。很多时候我们会认为员工的工作业绩不理想，是因为缺乏对企业理念的认识，所以，一味地给员工灌输企业理念，希望借此提升员工的工作业绩，但是实际上效果并不理想。将绩效考核结果运用于员工培训，能够让我们认识到，只有解决员工当前存在的绩效问题，才能够有效提高绩效和个人能力。所以，将绩效考核结果运用于员工培训，能够将我们的注意力集中在提升员工的个人能力上。

8.4.2 按照流程将绩效考核结果应用于员工培训

在将绩效考核结果应用于员工培训时,要遵循一定的流程,从而保证最终效果的有效性。通常有以下流程:

第一,制定绩效培训标准。从绩效考核结果中,可以看出员工在工作中暴露出来的不足与缺点。在将绩效考核结果应用于员工培训时,要与员工就其具体的绩效考核结果进行分析讨论,并以员工所在岗位的具体要求为依据确定具体的绩效培训标准。所制定的这一标准相当于及格线,达到这一标准的员工则不需要接受培训,而没有达到这一标准的员工,则需要接受培训。绩效培训标准要根据考核内容的不同,相应地分为不同的方面。例如,工作能力方面的绩效培训标准、工作态度方面的绩效培训标准等。

第二,分析并将绩效考核结果分类。当员工的绩效考核结果确定之后,需要根据不同的标准,将未达标的员工分为不同的种类。例如,工作态度未达标的员工分为一类,专业知识未达标的员工分为另一类,销售技巧未达标的员工又分为一类。在确定了每个分类中具体的员工名单后,需要将名单提供给培训部门,以供其参考。

第三,进行绩效面谈。主要实现两个目的,让员工了解到自己的不足,并且通过面谈了解员工的差异性;为之后制定绩效考核方案提供参考依据。

第四,制订培训计划。是将绩效考核结果运用于员工培训中的关键步骤。在这一过程中,可以参照以下流程进行(见图8-7)。

第五,实施培训。在制订好具体的培训计划后,就要开始实施培训。在这一过程中,要对实施的过程进行一定的控制,保证培训过程能够按照既定的方向进行。

第六,培训效果评估与反馈。在培训结束后,要及时对培训效果进行

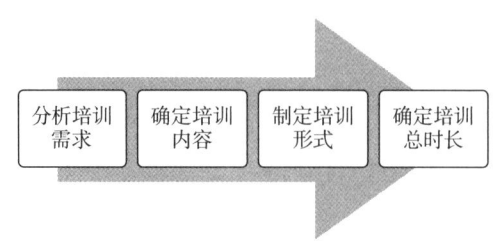

图8-7 制订培训计划的流程

评价。在评价员工的培训效果时,主要了解员工对整个培训过程的意见和看法,让员工畅所欲言,提出自己在培训过程中发现的问题。并且,要通过笔试的形式,对员工的培训效果进行考核,评估员工对培训内容的掌握程度。当员工培训过后,还需要对员工的工作效果进行评估,在这一过程中,主要可以采用同事评价、主管评价以及员工自评的方式。

8.5
定薪酬：调整固定工资＋奖金分配＋福利津贴

在薪酬方面的应用是绩效考核结果的一种主要用途。在这一过程中，可以解决两个问题：即给员工发多少工资以及怎样发工资。通常，企业除基本工资以外，还有奖金、业绩工资等。奖金一般与员工的日常表现和对企业的贡献相关；而业绩工资则是直接与员工个人业绩相关的，这些都是绩效考核结果的普遍用途。将绩效考核结果与员工的薪酬挂钩，能够有效激励员工，增强对员工的管理效果，提升员工的士气。

将员工的绩效考核结果与其薪酬相结合，能够让绩效考核结果为员工的薪酬确定提供依据。同时，一旦将绩效考核结果与薪酬挂钩，对员工的工资高低产生直接影响时，员工就会更加注重自己的绩效考核结果，从而在绩效管理过程中更加努力。这样，不但能够提升员工的工作效率，还能够简化对员工的管理，解放中层管理者。

要想绩效与薪酬结合，首先要明确员工的薪酬主要分为哪些部分，才能将绩效考核结果与相应的薪酬联系在一起，实现绩效考核结果与薪酬的结合。通常，员工的薪酬主要包括以下四个部分（见图8-8）。

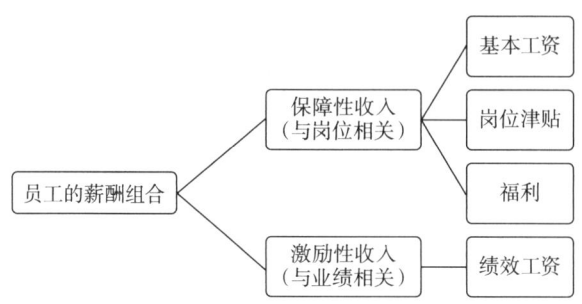

图8-8 员工的薪酬组合

由图8-8可知,员工的薪酬主要由基本工资、岗位津贴、福利以及绩效工资四个部分组成。所以,在将绩效考核结果运用于确定员工薪酬的问题时,就可以将员工的绩效考核结果与上述四个部分分别进行挂钩,使员工的绩效考核结果与其薪酬进行最大程度的融合,保证以绩效考核结果为依据所确定的薪酬的合理性。

8.5.1 将绩效考核结果作为调整基本工资的依据

通常,员工的基本工资是由其所在的具体工作岗位所确定的。员工所在岗位的工作复杂程度、所需要承担责任的大小以及劳动强度的大小,是确定这一岗位基本工资高低的主要依据,处在同一岗位上的员工所得到的基本工资基本相同。在将绩效考核结果与薪酬挂钩的过程中,我们可以将员工的绩效考核结果作为调整员工基本工资的依据。

从员工的绩效考核结果中,可以清晰地看出员工在工作中所表现出的各项能力,以及对于各项工作的实际完成情况。以员工对于工作的完成程度为准,可以作为调整员工基本工资的主要依据。

张鑫是一家机电生产企业的生产主管,为了做好员工管理,最大限度地激发员工的工作积极性,他将员工的绩效考核结果与其基本工资挂钩。以员工的工作完成情况,对员工的基本工资做适当的调整。以下为张鑫确定的员工三年内的绩效考核结果与基本工资调整的具体方式（见表8-4）。

表8-4 绩效考核结果与员工的基本工资调整情况

绩效水平	优秀	中等	合格
工资加薪比例	13%	11%	9%

根据张鑫所确定的绩效考核结果与员工基本工资的调整方式可知，员工绩效考核结果的优劣会对员工的基本工资产生一定的影响，员工在平时的工作积极性自然会提高。

8.5.2 将绩效考核结果用于制定奖金分配方案

奖金是员工的薪酬组成中一个重要的组成部分，被称为决策短期薪酬，也被称为"刺激薪资"。奖金能够有效激发员工的工作积极性，让员工能够自发地工作。而将绩效考核结果与员工的奖金挂钩，最直接、最普遍的方法就是将员工的绩效考核结果用于制定奖金分配方案。

哈里是一家外企公司的主管，在制定员工的奖金分配方案时，哈里将员工的奖金分为了季度奖金和年度奖金两种。季度奖金主要指对员工本季度的工作绩效的回报；而年度奖金指的是对员工本年度的工作绩效的回报。以季度奖金的分配方式为例，季度奖金主要依据员工的月平均工资水平以及当季度员工的个人绩效等级来确定。季度奖金系数指的是公司内部季度奖金总额占季度工资总额的比例，并且这一比例在原则上不应高于15%。以上述内容为依据，哈里制定了员工的季度绩效等级与奖金系数对照表（见表8-5）。

表8-5 季度绩效等级与奖金系数对照

绩效等级	A	B	C	D	E
奖金系数	1.5	1.2	1	0.5	0

通过制定季度绩效等级与奖金系数对照表，能够将员工的绩效考核结果与奖金挂钩，将绩效考核结果直接作用于员工奖金分配方案的制定。

8.5.3 将绩效考核结果作为福利津贴

福利指的是为了改善员工物质或文化生活所进行的有益项目。福利包括能够给员工增加实际收入或者减轻生活消费支出的各项辅助性形式；而津贴指的是国家或企业规定发给员工的物质补贴，是劳动报酬的一种辅助形式，也是工资的一种补充。福利与津贴都是员工薪酬的一个组成部分。

通常，员工的工作做得越好，所获得的福利也就越可观。所以，未来可以将绩效考核结果作为员工的福利以及津贴制度变革的一种尝试，让绩效考核结果与福利待遇成正比。

8.5.4 将绩效考核结果应用于绩效工资

绩效工资是员工薪酬的一个重要组成部分，也是与员工的绩效考核结果联系最为密切的一项。通常，绩效工资既包括根据绩效考核结果进行的短期奖励，如业绩红利（奖金），也包括根据员工的绩效考核结果完成情况进行的长期奖励，如利润分享、股票期权计划等。根据性质不同，绩效工资可以分为三种不同的种类（见图8-9）。

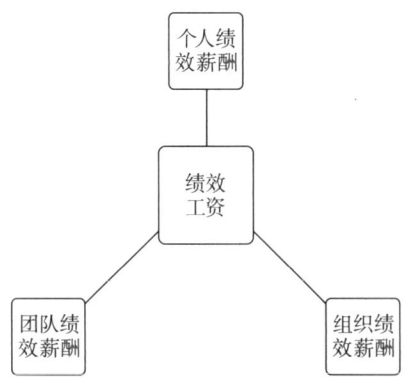

图8-9　绩效工资的种类

通常，员工绩效考核结果的优劣，直接影响着绩效工资的高低。

附录

一、人力部门绩效目标与考核方法

人力资源部是企业中一个重要的部门,其主要职责包括制订本部门的工作计划,制定、修改公司各项人力资源管理制度和管理办法,根据公司发展战略,分析公司现有人力资源状况,根据岗位需求状况和人力资源进行规划等。

根据人力资源部门的不同职位划分,不同职位的绩效目标与考核方法也有所不同。

1.1 招聘专员

招聘专员的主要工作就是负责招聘。所以,招聘专员的绩效目标通常包括以下内容(见附表1-1)。

附表 1 - 1　招聘专员的绩效目标

搜集相关信息，开拓招聘渠道
按时完成招聘任务，提高招聘效率
提高招聘质量，确保人员适岗
把招聘费用控制在预算内

在对招聘专员进行绩效考核时，可以通过制定并量化绩效考核指标，做好对招聘专员的考核。而量化对招聘专员的绩效考核指标时，可以做如下设置（见附表 1 - 2）。

附表 1 - 2　招聘专员的绩效考核指标

	考核指标	权重	评分标准	数据来源	得分
1	招聘渠道开拓数量	20%	每少 1 项，减____分	人力资源部	
2	招聘计划完成率	30%	低于目标值____%，减____分	人力资源部	
3	招聘空缺职位平均时间	10%	高出目标值____天，减____分	人力资源部	
4	人员适岗率	10%	低于目标值____%，减____分	人事部 人力资源部	
5	试用期合格率	15%	低于目标值____%，减____分	人事部 人力资源部	
6	招聘费用	15%	高出预算____%，减____分	财务部 人力资源部	

1.2　培训专员

培训专员主要负责员工培训的相关工作。所以，培训专员的绩效目标主要包括以下内容（见附表 1 - 3）。

附表 1 - 3　培训专员的绩效目标

及时调研培训需求，进行培训分析
按时完成培训计划
合理组织培训，控制培训费用
整理培训资料，及时归档相关文件

培训专员的绩效考核指标主要包括以下内容（见附表1-4）。

附表1-4　培训专员的绩效考核指标

	考核指标	权重	评分标准	数据来源	得分
1	培训需求调研报告提交及时率	15%	未在规定时间内提交，减____分/次	人力资源部	
2	培训计划完成率	25%	低于目标值____%，减____分	人力资源部	
3	培训参与率	10%	低于目标值____%，减____分	人力资源部 相关部门	
4	培训效果评估报告提交及时率	15%	未在规定时间内提交，减____分/次	人力资源部	
5	员工培训档案归档率	15%	低于目标值____%，减____分	人力资源部	
6	员工投诉次数	10%	每发生1次投诉，减____分	人力资源部	
7	培训费用	10%	高于预算____%，减____分	财务部 人力资源部	

1.3　薪酬专员

根据薪酬专员的工作内容，薪酬专员的绩效目标主要内容如下（见附表1-5）。

附表1-5　薪酬专员的绩效目标

及时、有效地展开薪酬调查
确保薪酬核算及时、准确
进行薪酬分析，及时处理薪酬异议
对薪酬相关资料予以及时归档

薪酬专员的绩效考核指标主要包括以下内容（见附表1-6）。

附表1-6　薪酬专员的绩效考核指标

	考核指标	权重	评分标准	数据来源	得分
1	薪酬调查报告提交及时率	15%	未在规定时间内提交，减____分/次	人力资源部	

续表

	考核指标	权重	评分标准	数据来源	得分
2	工资、奖金计算差错次数	15%	每有1次，减___分	财务部 人力资源部	
3	薪酬分析报告提交及时率	20%	未在规定时间内提交，减___分/次	人力资源部	
4	报表数据准确率	20%	每有1处错误，减___分	人力资源部	
5	薪酬异议处理及时率	20%	未在规定时间内提交，减___分/次	人力资源部	
6	薪酬资料及时归档率	10%	未在规定时间内完成，减___分/次	人力资源部	

1.4 绩效考核专员

根据绩效考核专员的工作内容，绩效考核专员的绩效目标主要内容如下（见附表1-7）。

附表1-7 绩效考核专员的绩效目标

做好考核前的培训工作
确保考核数据统计及时、准确
及时处理考核申诉
考核资料及时完好归档

绩效考核专员的绩效考核指标主要包括以下内容（见附表1-8）。

附表1-8 绩效考核专员的绩效考核指标

	考核指标	权重	评分标准	数据来源	得分
1	绩效考核计划按时完成率	25%	未按计划完成，减___分/次	人力资源部	
2	考核数据统计差错次数	25%	每有1次，减___分	人力资源部	
3	考核申诉处理及时率	20%	低于目标值___%，减___分	各部门 人力资源部	
4	考核资料及时归档率	20%	低于目标值___%，减___分	人力资源部	
5	员工投诉次数	10%	每发生1次，减___分	人力资源部	

二
行政部门绩效目标与考核方法

行政部门是企业中多个部门中的一个,通常负责企业的行政事务以及办公事务,包括制定并推动相关制度的执行、管理日常办公室事务、办公物品管理、文书资料管理、会议管理、涉外事务管理,还涉及出差、财产设备、生活福利、车辆、安全卫生等。行政部门的工作基本属于支持、服务性质,其主要职责是为企业各职能及其员工做好服务工作,为企业的发展提供强有力的后勤保障,保证企业各项事务的顺利开展,为企业创造一个良好的工作环境。中层管理者在对行政部门进行绩效考核时,要制定适当的绩效考核目标,选择合适的考核方法。

行政秘书

每个行政部门都会有一名行政秘书,行政秘书岗位职责主要包括以下七点(见附表2-1)。

附表2-1　行政秘书的岗位职责

接待来访客户，并对来访客户进行登记
公司文件、资料的打印与发放工作
公司资料复印、装订工作
办公设置的维护和维修工作
订阅、发放报刊，发放信件
办理车票、饭票
上级主管临时交办的工作

在对行政秘书进行绩效考核时，可以采用以下绩效考核表（见附表2-2）。

附表2-2　行政秘书绩效考核表

考核项目	考核指标	绩效标准	评分
文件录入、打印	工作效率	在规定的时间内完成	
	错误率	错误率控制在___%以内	
文件管理	文件处理的及时性	在规定时间内有效地完成	
	文件的完整性	完整率达到___%	
公文处理	行文格式正确	符合公文写作要求和标准	
	内容	真实、准确、合理	
	错误率（错别字、病句）	错误率控制在___%以内	
领导日程安排	日程安排的合理性	领导满意度评价在___分以上	
	领导满意度	领导满意度评价在___分以上	
会议管理	会议准备的周全性	因会议准备工作不充分而影响会议不得超过___次	
	对会议过程中突发事件的处理		

三

财务部门绩效目标与考核方法

财务部门是利用会计部门搜集的信息进行再加工、分析和决策支持,主要是为企业内部经营者服务的部门。财务部门是一个企业中非常重要的部门。对财务部门的绩效考核工作也就显得尤为重要。

3.1 绩效目标设置

通常,根据财务部门的具体职能,在对财务部门进行绩效考核时,其绩效目标主要为以下内容(见附表3-1)。

附表3-1 财务部门的绩效目标

财务部门的绩效目标	
对企业财务管理规划和人员配置	1. 负责编制公司财务管理规划与年度财务管理工作计划并组织实施 2. 负责根据公司发展及时建立和修订财务管理制度体系 3. 与人力资源部门密切合作,对财务人员(包括分支机构财务人员)进行招聘、选拔、推荐和职前以及在职培训、业务管理等工作

续表

财务部门的绩效目标	
做好按时提交财务会计报表和统计报表,全面反映公司经营业绩;会计核算	1. 负责建立"利润中心"和"费用中心"两大会计核算体系,并根据公司发展模式的调整而适时规范 2. 负责日常的会计核算工作,包括费用核算、成本核算、采购核算、销售核算、资金核算、资产核算、利润核算等 3. 按时提交财务会计报表和统计报表,全面反映公司经营业绩
做好企业财务管理	1. 按照审核审批权限要求,履行财务审核职责,及时全面了解公司经营运作状况 2. 负责定期(至少每季度一次)对分支机构进行财务管理稽核,及时发现和妥善处理问题 3. 负责组织建立经营预算管理制度、编制年度经营预算和修订季度经营预算
对企业财务情况进行监控	1. 负责日常资金统筹、使用、调拨和分析,每月编制资金收支计划,定期资金盘点和检查印章、支票、存折分离管理情况,以充分有效利用资金和确保资金安全 2. 负责督导和分析费用控制,及时向领导汇报执行情况 3. 负责督导和分析成本控制,及时向领导汇报执行情况

3.2 绩效考核方法

在对财务部进行绩效考核时,要制定合适的绩效考核方案,以保证绩效考核的效果。通常,一份合适的绩效考核方案应该包括以下几项内容:

1. 绩效考核的基本原则

以岗位职责和工作标准为基础,结合财务部内部主辅岗制度,以工作计划、工作日志和额外工作报告单等为依据,客观评价员工的综合表现和岗位绩效,并与岗位升降、调配、人力资源开发、培训教育、薪酬奖惩及评先评优紧密联系起来,努力营造积极向上的良好竞争氛围。

2. 被考核人员:会计人员

3. 考核相关责任人

财务部会计人员的考核者为财务部主管。

4. 具体考核方式

（1）采取自我述职报告和上级主管考核综合评判的方法，每月度及每年度进行。

（2）撰写述职报告：每月须按规定时间要求交书面述职报告给上级主管领导；每年须在12月底交书面述职报告给上级主管领导。

（3）上级评价：采用级别评价法，即直接领导初评打分、上级主管领导复评打分的方法。

5. 考核时间

（1）月度考核：次月1日前将个人本月书面述职报告及下月工作计划交直接上级，直接上级及上级主管领导于下月5日前完成上级评价并交人事行政部汇总，经总经理审核后，报人事行政部备案。

（2）年度考核：所有在职员工应于每年12月25日前将个人全年工作述职报告及下年度个人工作计划交直接上级，直接上级及上级主管领导于12月30日前完成上级评价并交人事行政部汇总，经总经理审核后，报财务部。

（3）在试用期间的管理人员不参加年度考核。

（注：由人事行政部将考核资料整理归入员工个人档案）

6. 考核内容（见附表3-2）

附表3-2 考核内容

考核指标	考核内容
岗位职责	对每个管理人员要担任的本职工作、完成上级交付任务的完成情况进行评价。基本考核要素由ISO规定的部门质量目标、工作质量、工作交期和工作跟进等构成，此项考核占总考核的70%
能力考核	对具体职务所需要的基本能力以及经验性能力进行测评。基本要素包括担当职务所需要的理解力、创造力、指导和监督能力等经验性能力，以及从工作中表现出来的工作效率、方法等
品德考核	对达成工作目标过程中所表现出的工作责任感、工作勤惰、协作精神以及个人修养等
组织纪律考核	对达成工作目标过程中所表现出的纪律性以及其他工作要求等进行测评。基本要素包括遵纪守律、仪表仪容、环境卫生以及接听电话语言规范等

出纳绩效考核指标量化表如下（见附表3-3）。

附表3-3 出纳人员绩效考核量化表

序号	分类	权重	绩效目标值	考核评分	考核得分
1	团队协作		服从工作安排，工作中不抱怨	6	
			协调各个部门，保证工作顺利进行	6	
			服从工作，积极配合其他部门，面对上级所提出的不妥命令，敢于提出其不合理性	12	
			主动工作	18	
			工作中取得良好的结果	18	
2	主动性		等候工作指示	6	
			主动询问自己的工作分配情况	6	
			工作行动之前提出相关的工作计划	12	
			行动，但例外情况下征求意见	16	
			单独行动，定时汇报工作结果	20	
3	决策		能做本质决策，出现时间延长，没有太多思考	2	
			通过讨论，总能得出最后的正确决策	5	
			独立提出问题，没找到真正原因，重复做正确决策	5	
			能够解决实际问题，找出真正原因，做出正确决策	8	
			决策超出组织预见，找出问题背后的原因，制定解决方案，不重复发生正确决策	10	
4	责任		承认结果，而不是强调愿望	2	
			敢于承担责任，不推卸、不指责	4	
			着手解决并成功解决问题，避免损失	6	
			做事能够举一反三，完善业务流程，按照流程办事，并备有预案	8	
			工作有预见性，对突发事件可实现现场控制，具有危机意识，防止产生损失	10	

续表

序号	分类	权重	绩效目标值	考核评分	考核得分
5	职业保密		清晰了解商业技术以及信息的范围和要点	2	
			工作期间遵守竞业保密协议，宣传正面信息	4	
			不进行商业信息交换，不透露单位发展的技术以及战略	8	
			维护公司商业机密	10	
			不影响他人做好竞业保密协议，离职5年内不脱密	6	
6	公平		不随意对员工进行负面评价	2	
			对员工进行正面评价，寻找员工优点	4	
			利用制度和流程对工作做出正确评定，真诚指正错误	8	
			主动提出他人工作改进方案，培养员工独立思考的能力	6	
			对员工提供支持，并产生积极效果，帮助员工发展，用企业文化感动人、留住人	10	
7	学习力		主动学习、掌握本职工作、专业知识及自我成长的学习动力	4	
			主动向优秀人员学习并得到技能，会总结经验，会思考学习体验心得	8	
			学习后用于实践，会总结，举一反三，在实际工作中有创新意识	6	
			学习后实践后会总结，举一反三，能建立规范或流程等制度并产生价值	10	
			有学习意识但无行动	2	
8	人际关系		维持正常的合作关系，关心企业内部员工	2	
			建立融洽关系，敢于讨论非工作事例，对事不对人，指出问题，敢于担当	4	
			与外部关联人情维护，给公司带来价值	6	
			成为密友并能拓展业务，给公司带来更多信息，创造附加值	8	
			亲和力强，感染不同层次社会伙伴并成为公司战略合作伙伴，创造企业价值最大化	10	

7. 考核等级

根据员工的实际工作表现,要划分出不同的等级。具体划分情况如下(见附表3-4)。

附表3-4 考核等级与评分标准

等级	分数	评分标准
优秀	95~100分	工作成绩优异,有创新性成果
良好	80~94分	工作成果达到目标任务要求标准,且成绩突出
合格	65~79分	工作成果均达到目标任务要求标准
较差	60~64分	工作成果未完全达到目标任务要求标准,但经努力可以达到
极差	59分以下	工作成果均未达到目标任务要求标准,经督导而未改善的

四 研发部门绩效目标与考核方法

研发部作为企业中一个重要的工作部门，其工作职责主要包括以下内容（见附表4-1）。

附表4-1 研发部工作职责

负责公司新产品、新技术的调研、论证、开发、设计工作
制定研发规范，推行并优化研发管理体系
制订新产品开发预算和研发计划，并组织实施
汇总每个项目的可重用成果，形成内部技术和知识方面的资源库
分析总结研发过程的经验和教训，提高研发质量
做好公司标准和专利（知识产权）规划，实施相关标准及申请专利，代表公司参与标准协会或者标准组织

根据研发部的工作职责，研发部的绩效考核方案如下：

1. 考核目的

贯彻公司发展战略，全面、合理地评价公司中技术研发人员的工作成绩，了解掌握技术研发人员的工作情况，为提升研发部工作水平提供依据。

2. 适用范围

研发部全体人员

3. 考核周期

工作业绩的考核周期为项目结束或者年度；工作态度的考核周期为月度、季度、年度；工作能力的考核周期为月度、季度、年度。

4. 绩效考核表

不同工作岗位的绩效考核指标不同。所以，在设计绩效考核表时，要根据工作岗位的具体性质，制定适合的绩效考核表。

研发人员工作业绩考核表（见附表4-2）如下：

附表4-2 研发人员工作业绩考核表

	关键业绩指标	考核目标值	权重	得分
研发人员	新产品开发周期	实际开发周期比计划周期提前____天	25%	
	技术评审合格率	技术评审合格率达到100%	30%	
	项目计划完成率	项目计划完成率达到100%	15%	
	设计的可生产性	成果不能投入生产情况发生的次数少于____次	15%	
	研发成本降低率	研发成本降低率达到____%以上	15%	

5. 实施绩效考核

对于研发部的绩效考核主要分为三个阶段，这三个阶段分别是计划沟通阶段、计划实施阶段和考核阶段。

（1）计划沟通阶段：考核者和被考核者对上一个考核周期内目标完成情况和绩效考核情况进行回顾，并且明确本次考核期内的工作任务、工作重点、需要完成的目标。

（2）计划实施阶段：被考核者按照本次考核周期内的工作计划开展工作，达成工作目标；考核者根据工作计划，指导、监督、协调下属员工的工作进程，并记录重要的工作表现。

（3）正式考核阶段：考核者根据被考核者在考核期内的工作表现和考

核标准，对被考核者评分；人力资源部和考核者的直接上级对考核结果进行审核，并负责处理考核评估过程中所发生的争议；人力资源部将审核后的结果反馈给考核者，由考核者和被考核者进行沟通，并讨论绩效改进的方式和途径。

6. 考核结果应用

当得出绩效考核结果后，考核者要与被考核者就考核结果进行面谈，指出被考核者在绩效考核过程中表现出的问题，并根据所提出的问题进行改进、提高。最终，考核者要与被考核者共同制定下一个绩效周期的绩效目标。

对于本次的绩效考核结果，则可以运用于员工的薪酬调整、培训学习以及职位调整等多个方向。例如，研发人员的薪酬调整与绩效考核结果的挂钩有以下标准：

（1）年度绩效考核得分在 95 分以上的，薪资等级上调两个等级，但不超过本职位薪资等级的上限；

（2）年度绩效考核得分在 80～95 分（含）的，薪资等级上调一个等级，但不超过本职位薪资等级的上限；

（3）年度绩效考核得分在 60～80 分（含）的，薪资等级不变；

（4）年度绩效考核得分在 60 分以下的，薪资等级降一个等级，但不低于本职位薪资等级的下限。

而绩效考核结果指导培训学习则有以下标准：

年度绩效考核得分在 80 分（含）以上的员工，有资格享受公司安排的提升培训。年度绩效考核得分在 70 分（含）以上的员工，可以申请相关培训，经人力资源部批准后参加。年度绩效考核得分在 60 分（含）以下的员工，必须参加由公司安排的培训。

7. 绩效申诉

如果有员工对自己的绩效考核结果存在异议，则可以通过绩效申诉向人力资源部绩效管理人员提出申诉，对自己的绩效考核结果进行重新检查，保证绩效考核的公平、公正。

五

采购部门绩效目标与考核方法

采购部是企业中负责采购生产物质的部门。在对采购部实施绩效管理时,要根据采购部的工作特点,设置合理的绩效考核方案。

采购部的岗位职责主要包括以下内容(见附表5-1)。

附表5-1 采购部的岗位职责

负责物资采购,按《采购计划单》执行采购任务,按时、保质、保量地完成物资采购工作
负责采购比价,具体执行采购过程的询价、议价、比质、比价,保证公司物资采购价格合理,维护公司利益
制定大宗物资调价方案
供应商考评,负责供应商的选择、评价、考核和清退
编制付款计划,负责付款计划的制订、呈批和付款安排
办理物资入库手续
采购发票的取得和审核
原材料积压物资处置,主要负责原材料仓库积压物资的及时清退和处置

根据采购部的岗位职责,采购部的绩效考核方案可以设置为以下内容:

1. 绩效考核目的

为贯彻企业绩效考核管理制度,全面评价采购人员的工作绩效,保证企业经营目标的实现,同时也为员工的薪资调整、教育培训、晋升等提供准确、客观的依据,特制定采购人员绩效考核实施方案。

2. 考核适用范围

本制度适用于采购部所有正式员工,下列人员除外:

(1) 试用期人员;

(2) 停薪留职及复职未达半年者;

(3) 连续缺岗天数达 30 天以上者。

3. 职责分工

(1) 被考核者的直接上级作为考核最主要的负责人之一,必须对下属的工作表现做出客观、公正的评价,并有效利用绩效考核。并针对下属的绩效考核结果给予员工相应的指导,同时提升自身的管理水平和管理能力。

(2) 被考核者以及被考核者的同级同事要积极参与绩效考核,保证绩效考核顺利实施。

(3) 考核职责划分:采购部经理主要负责绩效考核的相关工作,而采购部的采购人员则为绩效考核中的被考核者。两者的考核职责划分如下(见附表 5-2)。

附表 5-2　考核职责划分表

考核者:采购部经理	1. 负责考核结果的审核、审批; 2. 具体组织、实施本部门的员工绩效考核工作,客观、公正地对下属进行评估; 3. 与下属进行沟通,帮助下属认识到工作中存在的问题,并与下属共同制订绩效改进计划和培训发展计划
被考核者:采购人员	1. 学习和了解公司的绩效考核制度; 2. 积极配合部门主管并制订本人的绩效改进计划和标准; 3. 对绩效考核中出现的问题,积极主动地与采购部经理沟通

4. 考试时间

考核时间主要分为月度考核、季度考核以及年度考核三种。月度考核时间为次月的 5 日，并且与每月的工资挂钩；季度考核时间为下个季度第 1 个月的 10 日前，绩效考核结果作为薪资调整、培训计划制订的依据、岗位调整以及季度奖金的方法；年度考核时间为次年的 1 月 15 日前，绩效考核结果作为薪资调整、年度培训计划制订的依据、岗位调整以及年度奖金的方法。

5. 绩效考核指标

采购人员绩效考核以适时、适质、适量、适价、适地的方式进行，并用量化指标作为考核的尺度，主要利用采购时间、采购品质、采购数量、采购价格、采购效率五个方面的指标对采购人员进行绩效考核。量化指标如下所示（见附表 5-3）。

附表 5-3 采购人员绩效量化指标

绩效考核	权重（%）	考核指标相关说明
时间绩效	10	停工断料，影响工作进程
		紧急采购（如空运）的费用差额
品质绩效	20	进料品质合格率
		物料使用的不良率或退货率
数量绩效	30	物料金额、物料损失金额
		库存金额、库存周转率
价格绩效	30	实际价格与标准成本的差额
		实际价格与过去平均价格的差额
		比较使用时价格和采购时价格的差额
		将当期采购价格与基期采购价格的比率同当期物价指数与基期物价指数的比率进行比较
效率绩效	10	采购金额
		采购收益率
		采购部门费用
		新开发供应商数量
		采购完成率
		订单处理时间

采购人员绩效考核采用量化指标与日常工作表现考核相结合来进行，量化指标占考核的70%，日常工作表现考核占30%。两次考核的总和即为采购人员的绩效。采购人员绩效考核计算方式如下：采购人员绩效考核分数 = 量化指标综合考核得分×70% + 日常工作表现×30%。

根据员工的绩效考核得分，可以将不同员工的结果划分为不同的等级（见附表5-4）。

附表5-4 绩效考核结果等级划分标准

等级	杰出	优秀	中等	较差	差
级别	A	B	C	D	E
分数	85分及以上	75~84分	65~74分	50~64分	50分以下

采购部经理在对采购部员工进行绩效考核后，可以根据采购部员工的绩效考核结果，寻找员工与标准要求的差距，并制订有针对性的员工发展计划以及相关的培训计划，提升员工培训的有效性。提升采购部员工的工作能力和专业素质，最终为采购部门管理水平的提高打下坚实的基础。

六

生产部门绩效目标与考核方法

生产部门是企业生产管理的直接部门，其工作以生产产品为核心。生产部门的主要职责包括以下内容（见附表6-1）。

附表6-1 生产部门的岗位职责

根据销售部销售计划和下达的"制造通知单"（订单）及自接生产订单，拟订年度、月度生产计划，并依订单情况做出生产作业计划和核定订单交货期，下达生产命令，控制生产进度，保证按时交货
负责生产流程的管制、工作调度、人员安排，制、修、订各项产品工序工时标准和劳动定额、计件工资标准
负责生产工人的管理、教育、培训和配合人力资源部进行考核奖罚
负责用料管理及异常的追踪、改善
负责生产设备、工具仪器的计划、采购、验收、建档、安装、调试、维修、保养，生产设备事故的调查、处理
负责安全生产，预防各种危险事故的发生
负责建立生产系统档案管理体系

通过生产部门的职责进行划分，则可以在对生产部门进行绩效考核时，根据工作岗位的不同，制定不同的绩效考核指标与方法。

6.1 生产员工

生产员工是产品直接制造者,其工作熟练度、工作态度直接影响生产任务的完成及产品的质量。生产员工是生产部门的主要工作者,其具体的岗位职责主要包括以下内容(见附表6-2)。

附表6-2 生产员工的岗位职责

服从上级的工作安排和工作调动
按时且保质保量完成生产任务
遵守公司各项管理制度和生产管理制度
严格按照工艺规定生产
完成上级领导交办的其他事项

根据生产员工的工作职责,可以将生产员工的绩效考核目标设置为以下几项内容(见附表6-3)。

附表6-3 生产员工的绩效考核目标

序号	绩效指标	工作目标	权重	评价标准(单项100分计)	考核人员
1	工作量或产量	100%	20%	每降低1%扣20分	领班或主任
2	交期达成率	100%	25%	每降低1%扣20分	领班或主任
3	产品合格率	100%	35%	每降低1%扣20分	品质部
4	返工率	1%	10%	每增加0.5%扣10分	领班或主任
5	退货率	1%	10%	每增加0.5%扣10分	品质部

七
销售部门绩效目标与考核方法

销售部门是企业中的一个重要部门。在对销售部门进行绩效考核时，要针对销售部门的工作职责，制定适合销售部门工作特点的绩效考核方案。

销售部门的工作职责主要包括以下内容（见附表7-1）。

附表7-1　销售部门的工作职责

完成公司下达的销售任务为目的、确定销售目标，制订销售计划
监督计划的执行情况，将销售进展情况及时反馈给总经理
根据项目的卖点（卖点是可以创造的）和目标客源的需求，制定广告的总方向和总精神
定期组织市场调研，搜集市场信息，分析市场动向、特点和发展趋势
搜集有关信息，掌握市场的动态，分析销售和市场竞争发展状况，提出改进方案和措施
客观、及时地反映客户的意见和建议，不断完善工作

根据销售部门的工作职责，可以将销售部门的绩效考核方案设计如下：

1. 考核目的

通过绩效考评，可以掌握被考评者的工作效率，将绩效考评结果反馈给被评估者，可以帮助其改进和提高现实绩效，以此促进企业整体目标的实现。并且通过绩效考核，要深入了解销售部每一名员工的工作状态与工作能力，通过发现员工在工作中的不足，找出改进的方法，以提升销售部门的整体工作业绩，从而为企业创造更多的效益。

2. 考核内容

根据销售部门的工作特点，对销售部门的绩效考核主要包括以下几项内容。

（1）工作绩效考评：工作绩效考评是对员工担当工作的结果或履行职务工作结果的考核与评价。它是对员工贡献程度的衡量，是对所有工作绩效考评绩效中最本质的考评，直接体现出员工在部门中的价值大小。对于销售部门来说，工作绩效主要指销售业绩的高低。在此应该指出的是，与销售业绩挂钩的相关指标。

（2）工作行为考评：工作行为考评主要是对员工在工作中表现出的相关行为进行的考核和评价，衡量其行为是否符合企业规范和要求、是否有成效。涉及销售部门的主要有访问客户人数、客户满意度等。

（3）工作能力考评：工作能力考评是考评员工在职务工作中发挥出来的能力。这里的能力主要体现在专业知识和相关知识，相关技能、技术和技巧，相关工作经验，所需工作体能和体力四个方面。

（4）工作态度考评：工作态度考评是对员工在工作中付出的努力程度的评价，即对其工作积极性的衡量。

3. 绩效考核指标量化表

根据工作岗位的不同，销售部门各个工作岗位的绩效考核指标量化表如下（见附表7-2）：

附表7-2 销售经理绩效考核量表模板

	量化指标	权重	绩效目标值	考核频率	考核信息来源	得分
财务	销售收入		___万元	季度/年度	财务部	
	销售回款率		达到___%	季度/年度	财务部	
	销售毛利率		达到___%	季度/年度	销售部	
	销售费用率		达到___%	季度/年度	销售部	
内部运营	销售额增长率		达到___%	季度/年度	销售部	
	销售报表提交及时率		达到100%	月度/季度/年度	销售部	
客户	市场占有率		达到___%	季度/年度	销售部、市场部	
	合同履约率		达到___%	月度/年度	销售部	
	客户保有率		达到___%	年度	销售部	
	客户开发计划达成率		达到___%以上	年度	行政部	
学习发展	核心员工流失率		低于___%	年度	人力资源部	
量化考核得分合计						
指标说明	销售收入是指考核周期内各项业务销售收入的总和					
权重说明	销售收入是衡量企业产品或业务销售情况的最直观指标,是销售部经理考核的关键指标,因此,在考核体系中应占有较高比重					
核算说明	量化指标可以较为客观地评价其工作业绩,约占总权重的85%;定性指标主要反映在部门建设类指标上,如部门制度建设、企业形象建设与维护等,约占总权重的15%					
考核关键问题说明	销售部经理的考核指标很多,在设计销售经理的考核指标时,应根据企业目前所处的市场地位、采取的目标策略和市场定位选择合适的指标					
被考核人签字:	日期:		考核人签字:		日期:	

销售专员绩效考核量表模板如下(见附表7-3)。

附表 7-3 销售专员绩效考核量表模板

序号	量化考核指标	权重	评分标准	考核信息来源	得分
1	销售额		每低于目标值____万元，减____分	财务部、销售部	
	销售回款率		每低于目标值____%，减____分	财务部、销售部	
	销售收入增长率		每低于目标值____%，减____分	财务部、销售部	
2	新客户开发数量		每低于目标值____个，减____分	销售部	
	拜访陌生客户数量		每低于目标值____个，减____分	销售部	
	客户回访率		每低于目标值____%，减____分	销售部	
	客户保有率		每低于目标值____%，减____分	销售部	
3	客户有效投诉次数		每高于目标值____次，减____分	行政部	
	客户投诉解决及时率		每低于目标值____%，减____分	行政部	
量化考核得分					
权重说明	销售额和销售回款率都是销售专员的主要衡量指标，也是其提成工资发放的最主要的影响因素，因此在绩效考核中应给予较高权重				
考核结果核算说明	对销售专员的考核不应仅仅包括其工作业绩指标，也要对其工作态度、工作能力进行评价，如遵规守纪、谈判能力、解决问题能力、创新能力等，其比重占考核总权重的20%左右				
考核关键问题说明	制定销售专员销售指标时，要注意设立目标的合理性，既不能过于激进，也不能过于保守，可以根据销售专员上期销售目标完成额、时间和季节等影响因素进行合理的设计				
考核人签字：	考核日期：		考核人签字：	日期：	

4. 实施绩效考评

每个月对销售部门人员进行销售指标的统计；每年度对销售部门员工业绩进行统计分析。人力资源部同时对其病事假情况进行统计，定期换算成百分制。

5. 绩效考核结果应用

针对绩效考核结果，考核者要与被考核者进行绩效面谈，找出工作中存在的问题，并制定相应的解决办法，并将绩效考核结果应用于员工的薪酬调整、培训学习以及岗位晋升等方面。最后，考核者要与被考核者一起确定下一个绩效考核周期的绩效目标。

八
市场部门绩效目标与考核方法

市场部是一个企业中营销组织架构的重要组成部分。在对市场部进行绩效考核时,要根据市场部的工作特点,寻找合适的绩效考核方式,设置合理的绩效考核指标。

针对市场部所设计的绩效考核方案可以参照以下方面:

1. 考核原则与方向

对市场部的考核分为定性考核和定量考核两部分。定性考核主要指考核员工的工作行为,定量考核指的是考核员工的工作业绩。对市场部员工进行绩效考核之后的结果,将直接与员工的薪酬、培训以及职位晋升挂钩。

2. 考核标准

(1) 市场部人员的业绩考核标准由总经理协同制定,任务综合为公司当月销售指标和转化率关系。

(2) 对市场部员工的工作行为考核标准主要包括是否遵守公司各项工作制度、考勤制度、保密制度以及其他公司规定的行为表现;是否完成业绩考核以及在完成工作任务中的行为表现等。

3. 绩效考核指标

根据市场部工作职位的不同，相对应的绩效考核指标也有明显不同。

（1）市场部员工

针对市场部员工的工作职责，所制定的绩效考核如下（见附表8-1）。

附表8-1　市场部员工绩效考核表

考核项目	考核指标		权重	评价标准	评分
工作业绩	定量指标	集客完成率	25%	实际完成集客任务/计划___% 考核标准为100%，每低于5%扣除该项1分，低于60%不得分。每超出5%加1分	
	定性指标	费用指标	20%	1. 广宣常规项全部做满，每月做到两次单项，并能保证每月广告补贴费高于实际支出（20分） 2. 上报广宣项目费用成功回款（10分） 3. 未上报费用或审核不通过不得分	
		报表提交	20%	1. 按时、按质完成公司各项报表，得到每月的奖励（15分） 2. 按时完成报表，但是存在一些小问题，修改后仍然通过（10分） 3. 点名批评，经多次修改后通过不得分 4. 报表被考核扣10分	

续表

考核项目	考核指标	权重	评价标准	评分
工作能力	专业知识	5%	优：具有丰富的专业知识，并能充分发挥完成任务（5分） 良：具备相当的专业知识，能顺利完成任务（3分） 差：具备一般的专业知识，能符合职责需要（2分）	
	学习能力	5%	优：不仅主动学习，熟练掌握，还可以很好地运用到工作中（5分） 良：能主动学习，但是掌握得不熟悉，不能很好地运用到工作中（3分） 差：能进行领导安排的一些学习，但不够主动（2分）	
工作态度	员工出勤率	10%	1. 员工月度出勤率达到100%，得满分，迟到早退一次扣1分（10分） 2. 月度累计迟到3次以上者，扣除该项得分，旷工一次，翻倍扣除该项得分	
	责任感	5%	优：除了做好自己的本职工作，还主动承担公司内部额外的工作（5分） 良：自觉地完成工作任务，且对自己的行为负责（3分） 差：自觉完成工作任务，但对工作的质量不是很注重（1分）	
	执行力	10%	优：全面落实有关工作计划和工作任务，还经常超越目标和预期完成（10分） 良：能理解和按时完成工作任务和相关工作计划（5分） 差：有时督导才得以完成工作任务和相关工作计划（3分）	

4. 考核方法

在确定了市场部各个岗位上的绩效考核指标，制定好各自的绩效考核表后，就要实施考核。主要从以下两个方面来进行：

（1）员工的考核周期为下一个月的第一个工作日；

（2）员工考核与基本绩效奖金挂钩。

5. 考核结果应用

在针对员工的实际工作表现做好绩效考核之后，就要将绩效考核结果运用在员工的薪酬调整、培训学习以及职位晋升等各个方面。